中国社会科学院创新工程学术出版资助项目

夏洪胜 张世贤◎主编

21世纪工商管理文库

人力资源管理
Human Resource Management

图书在版编目（CIP）数据

人力资源管理 / 夏洪胜，张世贤主编. —北京：经济管理出版社，2013.10
（21世纪工商管理文库）
ISBN 978-7-5096-2598-9

Ⅰ.①人… Ⅱ.①夏… ②张 Ⅲ.①人力资源管理 Ⅳ.①F241

中国版本图书馆 CIP 数据核字（2013）第 188307 号

组稿编辑：何 蒂
责任编辑：杜 菲
责任印制：杨国强
责任校对：张 青

出版发行：经济管理出版社（北京市海淀区北蜂窝 8 号中雅大厦 11 层 100038）
网 址：www.E-mp.com.cn
电 话：(010) 51915602
印 刷：三河市延风印装厂
经 销：新华书店
开 本：720mm×1000mm/16
印 张：17.25
字 数：281 千字
版 次：2014 年 3 月第 1 版 2014 年 3 月第 1 次印刷
书 号：ISBN 978-7-5096-2598-9
定 价：45.00 元

·版权所有 翻印必究·

凡购本社图书，如有印装错误，由本社读者服务部负责调换。
联系地址：北京阜外月坛北小街 2 号
电话：(010) 68022974 邮编：100836

总　序

1911年，泰勒《科学管理原理》的发表标志着管理学的诞生。至今，管理学已经走过了整整100年，百年的实践证明，管理学在推动人类社会进步和中国改革开放中发挥了巨大的作用。在这个具有历史意义的时刻，我们也完成了《21世纪工商管理文库》的全部编写工作，希望以此套文库的出版来纪念管理学诞生100周年，并借此机会与中国企业的管理者们进行交流与探讨。

"绝不浪费读者的时间"，这是我在筹划编写本套文库时所坚持的第一理念。时间是管理者最宝贵的资源之一，为了让读者尽可能高效率地学习本套文库，我们的团队力求通过精练的文字表达和鲜活的案例分析，让读者在掌握基础知识的同时获得某种思维上的灵感，对解决企业实际中遇到的问题有所启发，同时也获得阅读带来的轻松和愉悦。"绝不浪费读者的时间"，这是我们对您的承诺！

一、编写《21世纪工商管理文库》的出发点

本人从事工商管理领域的学习、研究、教学和实践工作多年，在这一过程中不断探索和思考，形成了自己的一系列观点，其中的一些观点成为编写本套文库的出发点，希望能尽我微薄之力，对我国企业的发展有所帮助。

1. 工商管理是一门应用性极强的学科，该领域的基础理论成果基本上来源于以美国为主的西方国家。在工商管理领域的研究方面，我国应该将重点放在应用研究上。

2. 工商管理在很大程度上受制度、历史、文化、技术等因素的影响。对于源自西方国家的工商管理基础理论，我们切不可照搬照抄，而应该在"拿来"的基础上根据我国的实际情况加以修正，然后将修正后的理论运用于我国的实践。

3. 目前，我国的 MBA、EMBA 所用的经典教材多数是西方国家的翻译版本，不仅非常厚，内容也没有根据中国的实际情况进行调整，在学时有限的情况下学生普遍无法学通，更谈不上应用，这可以从众多的学位论文和与学生的交流中看出。

4. 做企业，应该先"精"后"强"再"大"，并持续地控制风险，只有这样才能保证企业之树长青。而要做到这些，一个非常关键的因素就是对工商管理知识的正确运用，所以，无论多忙，我国的企业管理者们都务必要全面系统地学习适合国情的工商管理知识，以提升企业的软实力。

5. 随着国际化程度的加深，我国急需一批具有系统的工商管理知识和国际化视野且深谙国情的企业家，这一群体将成为我国企业走向国际化的希望。企业的中高层管理者是这一批企业家群体的预备军，因此，我们应该尽力在我国企业的中高层管理者中培育这个群体。

"路漫漫其修远兮，吾将上下而求索"。企业是国家的经济细胞，也是国家强盛的重要标志之一。当今世界，企业间的竞争日趋激烈，我国企业的管理者们要有强烈的危机意识和竞争意识，必须从人、财、物、信息、产、供、销、战略等各方面全方位地提升我国企业的管理水平，力争建成一批世界知名的和有国际影响力的中国企业，这批企业将是中国经济的基础和重要保障。我希望本套文库能够与中国企业中高层管理者的实践碰撞出灿烂的火花，若能如此，我多年的心血和我们团队的工作便有了它存在的价值。

二、《21世纪工商管理文库》的内容

中国企业非常需要有一套适合中国国情的工商管理文库，博览以往工商管理类的书籍，它们对中国企业的发展确实起到了非常重要的作用，但是却鲜有一套文库的内容可以同时将基础性的知识、前沿性的研究和最适合在中国应用的理论

结合工商管理内容的本质,以深入浅出、通俗易懂的表达方式全面呈现出来。由于中国的中高层企业管理者用在读书学习上的时间非常有限,这就要求本套文库能让企业管理者花较少的时间,系统地掌握其内容并加以运用。

鉴于此,本人与国内外同行进行了深入的探讨,同时,也与一大批内地、港澳台地区及国外企业家和学者进行了广泛的接触与交流,并实地调研了大量中外企业。在此基础上,仔细查阅了国内外著名大学商学院的有关资料,并结合自己的研究,首次构建并提出了如图Ⅰ所示的工商管理内容模型。该模型经过数十次的修正,直到工商管理理论研究同行与实践中的企业家们普遍认可后才确定下来。它由31本书组成,平均每本200页以上,基本涵盖了工商管理的主要内容,是目前我国较为系统、全面并适合中国企业的工商管理文库。

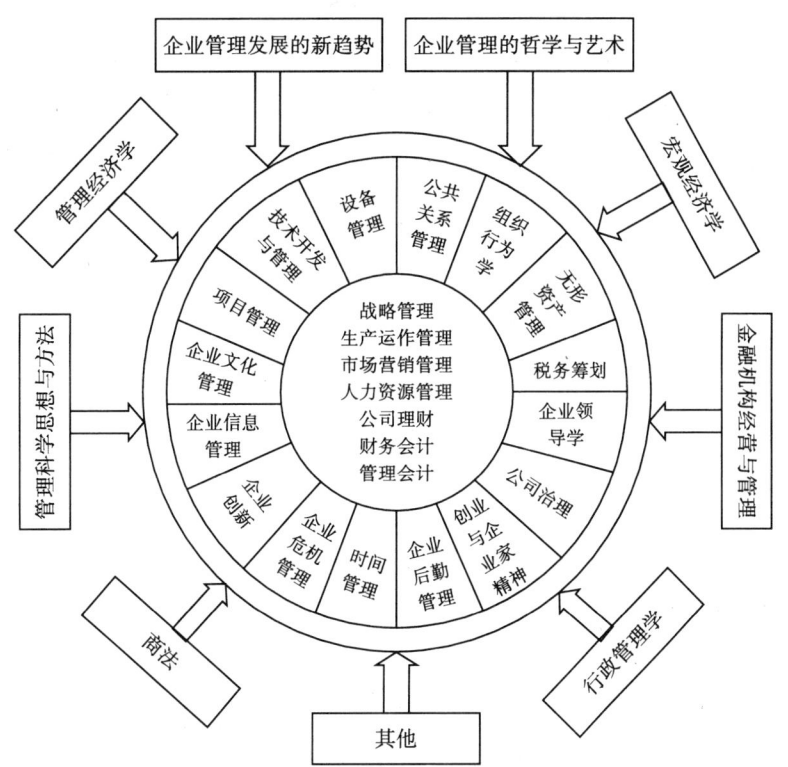

图Ⅰ 工商管理内容模型

该工商管理内容模型共分为如下三个部分：

第一部分为核心内容（图Ⅰ中小圆内部分）。该部分内容共分为7个方面：①战略管理；②生产运作管理；③市场营销管理；④人力资源管理；⑤公司理财；⑥财务会计；⑦管理会计。

以上7个方面的内容是工商管理最基本的部分，也是工商管理最核心的部分，这些内容是任何企业都应该具有的。可以说，工商管理其他方面的内容都是围绕这7个方面的内容展开的。这7个方面的内容各有侧重又彼此关联。

我们称这7个方面的内容为工商管理的核心系统，该系统是工商管理专业的核心课程。

第二部分为辅助内容（图Ⅰ中小圆与大圆之间部分）。该部分内容共分为16个方面：①企业领导学；②公司治理；③创业与企业家精神；④企业后勤管理；⑤时间管理；⑥企业危机管理；⑦企业创新；⑧企业信息管理；⑨企业文化管理；⑩项目管理；⑪技术开发与管理；⑫设备管理；⑬公共关系管理；⑭组织行为学；⑮无形资产管理；⑯税务筹划。

以上16个方面的内容是工商管理的辅助内容。不同行业的企业和企业发展的不同阶段都会不同程度地运用到这些内容。这16个方面的内容与核心系统一起构成了企业管理的主要内容。

我们称这16个方面的内容为工商管理的辅助系统，该系统是工商管理专业的选修课程。

第三部分为支撑内容（图Ⅰ中大圆外部分）。该部分内容共分为8个方面：①宏观经济学；②金融机构经营与管理；③行政管理学；④商法；⑤管理科学思想与方法；⑥管理经济学；⑦企业管理发展的新趋势；⑧企业管理的哲学与艺术。

以上8个方面的内容对企业管理起到支撑、支持或制约的作用，企业管理的思想、方法、环境等都与这些内容密切相关，甚至企业管理的绩效直接与这8个方面的内容有关。

我们称这8个方面的内容为工商管理的支撑系统，该系统是工商管理专业的公共必修课程。

需要说明的是，在该模型中，我们标出了"其他"，这是由于工商管理的内容非常丰富，其模型很难包罗万象，而且工商管理本身也在发展中，无论是核心系统、辅助系统，还是支撑系统，都可能在内容上发生变化。因此，我们将该模型中没有表明的内容用"其他"表示。

综上所述，整个工商管理内容模型是由核心系统、辅助系统、支撑系统三大系统组成。我们也可称之为工商管理的三维系统，其中，核心系统和辅助系统构成了企业管理的主要内容。

我们进一步将核心系统和辅助系统按照关系密切程度划分为 5 个子系统，它们分别是：

子系统 1：战略管理、企业领导学、公司治理、创业与企业家精神、企业后勤管理、时间管理、企业危机管理、企业创新、企业信息管理、企业文化管理。该子系统各部分都会对企业产生全局性的影响。

子系统 2：生产运作管理、项目管理、技术开发与管理、设备管理。该子系统各部分技术性强，偏重定量分析，且各部分之间关系密切。

子系统 3：市场营销管理、公共关系管理。该子系统各部分之间关系密切，公共关系的有效管理有助于市场营销管理。

子系统 4：人力资源管理、组织行为学。该子系统各部分之间关系密切，组织行为学是人力资源管理的基础。

子系统 5：公司理财、财务会计、管理会计、无形资产管理、税务筹划。该子系统各部分之间关系密切，公司理财、财务会计、管理会计构成了企业的财务管理体系，同时也是无形资产管理、税务筹划的基础。

以上 5 个子系统也可以作为企业管理的 5 个主要研究方向：①战略管理方向；②生产运作管理方向；③市场营销管理方向；④人力资源管理方向；⑤财会管理方向。其中，战略管理是企业的定位；生产运作管理是企业的基石；市场营销管理是企业生存的手段；人力资源管理是企业的核心；财会管理是企业的灵魂。

当然，工商管理内容模型中的各个部分不是孤立存在的，它们彼此之间常常是有关联的，甚至有些内容还有交叉。如"采购管理"作为企业管理中非常重要的内容，本套文库在生产运作管理、项目管理和企业后勤管理三本书中均有涉及。虽然三本书中关于"采购管理"的内容均有关联和交叉，但三本书中所呈现出来的相应内容的侧重点又是不同的。

三、《21世纪工商管理文库》的内容本质

通过多年来对国内外工商管理理论与实践的研究，我们认为《21世纪工商管理文库》的内容本质可以精辟地概括成如表I所示。

表I 《21世纪工商管理文库》的内容本质

书名	内容本质
1.战略管理	找准企业内部优势与外部环境机会的最佳契合点，并保持可持续发展
2.生产运作管理	依据市场的需求和企业的资源，为客户生产和提供物超所值的产品
3.市场营销管理	以有限的资源和真实的描述，尽可能让企业的目标客户了解并购买企业的产品
4.人力资源管理	适人适才、合理分享、公平机会、以人为本、真心尊重，创造和谐快乐的工作环境
5.公司理财	使公司的资产保值增值并在未来依然具有竞争力
6.财务会计	合规、及时、准确地制作财务会计报表，并运用财务指标评价企业的经营状况
7.管理会计	让管理者及时、准确地了解其经营活动与各项财务指标的关系并及时改善
8.企业领导学	道德领导、诚信经营，承前启后、继往开来
9.公司治理	以科学的制度保障权力的相互制衡，维护以股东为主体的利益相关者的利益
10.创业与企业家精神	发现和捕获商机并持续创新
11.企业后勤管理	通过企业的间接管理活动，使其成本最低和效率最高
12.时间管理	依重要和缓急先后，合理分配时间，从而达成目标
13.企业危机管理	大事化小，小事化了，转危为机
14.企业创新	快半步就领先，持续保持竞争优势
15.企业信息管理	及时和准确地为管理者提供相关的管理信息
16.企业文化管理	以共同的信念和认同的价值观引领企业达到具体的目标
17.项目管理	以有限的资源保质保量完成一次性任务
18.技术开发与管理	将未来的技术趋势转化为商品的过程与管理
19.设备管理	使设备具有竞争力且寿命最长和使用效率最高
20.公共关系管理	使企业与所有利益相关者的关系最和谐且目标一致
21.组织行为学	科学组建以人为本的有效团队

续表

书名	内容本质
22.无形资产管理	化无形为有形，持续发展无形的竞争优势
23.税务筹划	合法、有道德且负责任的节税手段
24.宏观经济学	保持国民经济可持续和健康发展的理论基础
25.金融机构经营与管理	服务大众，科学监管
26.行政管理学	科学制定"游戏"规则，构建长富于民的政府管理机制
27.商法	维护经济秩序并保护企业或个人的合法权益
28.管理科学思想与方法	以可靠准确的数据为基础，优化各类资源的使用效率和效果
29.管理经济学	微观经济学的理论在企业经营决策中的应用
30.企业管理发展的新趋势	企业未来的管理方向
31.企业管理的哲学与艺术	刚柔并济，共创所有利益相关者的和谐

四、《21世纪工商管理文库》的特色

（一）《21世纪工商管理文库》在叙述方式上的特色

1. 每本书的封面上都对该书的内容本质有精辟的描述，这也是贯穿该书的主线，随后对该书的内容本质有进一步的解释，以便读者能深刻领悟到该书内容的精髓所在；并在总序中对整个《21世纪工商管理文库》的内容本质以表格的形式呈现。

2. 每本书的第一章，即导论部分都给出了该书的内容结构，以便读者能清晰地知道该书的整体内容以及各章内容的逻辑关系。

3. 每本书的每章都以开篇案例开始，且每一节的开头都有一句名人名言或一句对本节内容进行概括的话，以起到画龙点睛的作用。

4. 每本书的基础理论大部分都有案例说明，而且基本上是在中国的应用，尽量使其本土化。

5. 每本书都非常具有系统性、逻辑性和综合性，将复杂理论提炼成简单化、通俗化的语句并归纳出重点及关键点，尽量避免不必要的"理论"或"术语"，表达上简洁明了、图文并茂、形象鲜活。

（二）《21世纪工商管理文库》在内容上的特色

1. 本套文库建立了完整的工商管理内容模型，该模型由核心系统、辅助系统和支撑系统组成。在该模型中，读者能够清晰地看到工商管理内容的全貌以及各

部分内容之间的关系，从而更加有针对性地学习相关内容。这也是本套文库的基本内容框架，从该框架可以看出，本套文库内容全面，具有很强的系统性和逻辑性，且层次分明。

2. 本套文库的内容汇集和整合了古今中外许多经典的、常用的工商管理理论和实践的成果，我们将其纳入本套文库的内容框架体系，使其更为本土化和实用化。可以认为，我们的工作属于集成创新或整合创新。

3. 每本书的内容都以"基础性"、"新颖性"、"适用性"为原则进行编写，是最适合在中国应用的。对于一些不常用或不太适合在中国应用的基础理论没有列入书中。

4. 核心系统和辅助系统（企业管理的主要内容）中的每本书都有对中国企业实践有指导意义的、该领域发展的新趋势，这可以让读者了解到该领域的发展方向，并与时俱进。为了便于读者阅读和掌握各个领域发展的新趋势，我们将本套文库中的所有新趋势汇集为《企业管理发展的新趋势》一书。

5. 核心系统和辅助系统中的每本书都有该领域的管理哲学与艺术，提醒企业不可僵化地运用西方的基本理论，而应该将中国的管理哲学与艺术和西方现代工商管理理论相结合，即将东西方的科学发展观与中国的和谐社会融合起来，这才是真正适合中国本土化的企业管理。为了便于读者阅读和掌握各个领域的管理哲学与艺术，我们将本套文库中的所有管理哲学与艺术汇集为《企业管理的哲学与艺术》一书。

(三)《21世纪工商管理文库》在功能上的特色

1. 有别于程式化的西方MBA、EMBA教材。本套文库具有鲜明的中国本土问题意识，在全球化视野的背景下，更多地取材于中国经济快速增长时期企业生存发展的案例。

2. 有别于传统工商管理的理论教化。本套文库强调战术实施的功能性问题，力求对工商管理微观层面的问题进行分析与探讨。

3. 有别于一般的工商管理教科书。本套文库中的每本书从一开始就直接切入"要害"，紧紧抓住"本质"和"内容结构"，这无疑抓住了每本书的"主线"，在叙述方式和内容上，围绕这条"主线"逐步展开，始终秉承"绝不浪费读者时间"和"以人为本"的理念。

4. 有别于一般的商界成功人士的传记或分行业的工商管理书籍。本套文库以适合在中国应用的基础理论为支撑,着力解决各行业中带有共性的问题,以共性来指导个性。这也体现了理论来源于实践并指导实践这一真理。

5. 有别于同类型的工商管理文库。本套文库系统全面、通俗易懂,在叙述方式和内容上的特色是其他同类型工商管理书籍所不具备的,而且本套文库的有些特色目前在国内还是空白,如工商管理内容模型、本质、趋势与哲学等。另外,本套文库在表达方式上也颇具特色。

五、《21世纪工商管理文库》的定位

1. 本套文库可供中国企业的中高层管理人员学习使用。通过对本套文库的学习,中国企业的中高层管理人员一方面可吸收和运用西方的适合在中国应用的基础理论,同时结合中国的管理哲学与艺术,把中国的企业做精、做强、做大,参与国际竞争,并保持可持续成长。

2. 本套文库可作为中国企业的中高层管理人员的培训教材。本套文库系统、全面、案例丰富,基础理论和中国实际结合紧密,这对于全面提高中国企业的中高层管理者的素质和管理水平是很有帮助的。

3. 本套文库可作为中国MBA或EMBA的辅助教材或配套教材,也可作为其他层次工商管理专业的辅助教材或配套教材。和现有的中国MBA或EMBA教材相比较,该套文库是一个很好的补充,而且更易读、易懂、实用。

明确的定位和清晰的理念决定了我们这套文库自身独有的特色,可以令读者耳目一新。

夏洪胜

2013年12月

目 录

第一章 导论 ·· 1

 ◆ 开篇案例 ·· 1
 第一节 人力资源概述 ·· 2
 第二节 人力资源管理概述 ·· 6
 第三节 本书的内容结构 ·· 10
 ◆ 本章小结 ·· 11

第二章 工作分析 ··· 13

 ◆ 开篇案例 ·· 13
 第一节 工作分析概述 ·· 14
 第二节 工作分析的程序 ·· 18
 第三节 工作分析的方法 ·· 22
 第四节 工作说明书 ··· 29
 ◆ 本章小结 ·· 33

第三章 人力资源规划 ··· 35

 ◆ 开篇案例 ·· 35
 第一节 人力资源规划概述 ·· 36

第二节　人力资源规划的程序 …………………………………… 42
第三节　人力资源需求预测 ……………………………………… 48
第四节　人力资源供给预测 ……………………………………… 52
◆ 本章小结 ……………………………………………………… 58

第四章　招聘与录用 …………………………………………… 59

◆ 开篇案例 ……………………………………………………… 59
第一节　人员招聘概述 …………………………………………… 61
第二节　招聘计划和招聘策略 …………………………………… 64
第三节　招聘渠道 ………………………………………………… 68
第四节　人员甄选与录用 ………………………………………… 77
◆ 本章小结 ……………………………………………………… 100

第五章　员工培训 ……………………………………………… 101

◆ 开篇案例 ……………………………………………………… 101
第一节　员工培训概述 …………………………………………… 102
第二节　培训的基本程序 ………………………………………… 108
第三节　培训的主要方法 ………………………………………… 115
第四节　培训的新模式 …………………………………………… 119
◆ 本章小结 ……………………………………………………… 124

第六章　绩效管理 ……………………………………………… 125

◆ 开篇案例 ……………………………………………………… 125
第一节　绩效管理概述 …………………………………………… 126
第二节　绩效管理的过程 ………………………………………… 129
第三节　绩效考核的方法 ………………………………………… 135
◆ 本章小结 ……………………………………………………… 149

第七章 薪酬管理 ... 151

- ◇ 开篇案例 ... 151
- 第一节 薪酬管理概述 ... 152
- 第二节 基本薪酬 ... 156
- 第三节 激励薪酬 ... 163
- 第四节 福利薪酬 ... 168
- ◇ 本章小结 ... 171

第八章 职业生涯管理 ... 173

- ◇ 开篇案例 ... 173
- 第一节 职业生涯管理概述 ... 175
- 第二节 组织职业生涯管理 ... 182
- 第三节 个人职业生涯管理 ... 186
- ◇ 本章小结 ... 191

第九章 劳动关系管理 ... 193

- ◇ 开篇案例 ... 193
- 第一节 劳动关系及有关法律概述 ... 195
- 第二节 企业对员工的社会保障责任 ... 200
- 第三节 员工参与管理 ... 208
- 第四节 劳动争议处理 ... 213
- ◇ 本章小结 ... 218

第十章 人力资源管理发展的新趋势 ... 221

- ◇ 开篇案例 ... 221
- 第一节 人力资源的国际化 ... 222

第二节 人力资源管理的战略化 …………………………………… 224

第三节 E-HR …………………………………………………… 225

第四节 学习型组织 ………………………………………………… 226

第五节 重视道德和信誉 …………………………………………… 227

◇ 本章小结 ……………………………………………………… 228

第十一章 人力资源管理的哲学与艺术 …………………………… 229

◇ 开篇案例 ……………………………………………………… 229

第一节 以人为本 …………………………………………………… 231

第二节 选马、用牛、赶猪、打狗 ………………………………… 235

第三节 "识人"与"用人和管人" ……………………………… 238

第四节 "安心"与"心安" ……………………………………… 241

第五节 领导者魅力 ………………………………………………… 243

第六节 "理而不管"与"管而不理" …………………………… 246

◇ 本章小结 ……………………………………………………… 247

参考文献 ……………………………………………………………… 249

后　记 ………………………………………………………………… 253

第一章 导论

开篇案例

联想集团的人力资源管理

从1984年创办至今，联想从一个默默无闻的小公司发展成为国内著名的IT产业的多元化大型企业集团。这与联想集团与众不同的人力资源管理密不可分。联想集团的人力资源管理工作的特点主要体现在以下几个方面：

1. 先进的人才理念

联想集团认为人力资源管理工作犹如"珍珠项链工程"，与传统的人事管理热衷于寻找更大、更亮的珍珠——人才相比，联想集团更关注的是串联珍珠的"线"，因为没有这根线，再多的珍珠也不能成为珍珠项链。因此，联想注重首先从理念上转变，把吸引人才、激励人才、留住人才、发展人才作为人力资源管理的核心理念，努力打造"珍珠项链工程"。

2. 完善的培训体系

联想集团建立了十分完善的培训体系，并根据不同岗位设计相应的培训课程，同时有一支高水平的培训队伍。为了保证培训工作发挥更好的效果，联想还制定了一系列培训制度，并设立了专门的培训器材和设施。

3. 科学的考核体系

联想的考核体系有以下几个特点：

(1) 静态职责分解。以"职责"和"目标"为主线，以"工作任务"和"工作目标"为核心。确立部门职责、建立工作流程、编制岗位说明书。

（2）动态目标分解。以职责为横线，时间、目标为纵线，把三者有机结合起来，保证各部门、岗位之间工作关系的有机协调。

（3）目标分解。按部门、岗位、员工进行分解，按年、季、月、天进行分解，按"工作说明书"、"目标任务书"进行分解和落实。

（4）专业考评。制定细化的考核标准，按照目标计划、激励指导、公正考评的原则，定期考核并检查评议。

4. 完善的薪酬福利制度

联想的薪酬包括月薪、津贴、表彰奖、年底红包、股权认购等，员工福利除了国家规定的福利之外，还有带薪假期、出国休假等。年底红包与经营业绩挂钩。另外，联想集团还建立了薪酬调查机制，对行业的薪酬水平进行调查，从而对公司的薪酬福利进行及时调整。

资料来源：曾峣. 人力资源管理 [M]. 上海：立信会计出版社，2007.

【案例启示】出色的人力资源管理成就了联想集团今天的辉煌。人力资源管理是一项十分艰巨的任务，企业只有建立起有效的人力资源管理机制，才能使员工的潜力得到充分的发挥，从而确保企业在激烈的竞争中立足。

本章您将了解到：

● 人力资源的概念、特征

● 人力资源管理的内容

第一节　人力资源概述

管理的本质就是人的问题。

——罗杰·福克尔

一、人力资源的概念

现代管理大师彼得·德鲁克说:"企业只有一项真正的资源——人,管理就是充分开发人力资源以做好工作。"美国通用电气公司前总裁杰克·韦尔奇提出:"人,是我最重要的资产。"联想集团前董事会主席柳传志认为:"人力资源是企业资源中最重要、最活跃的因素,是企业成功的关键所在。"

越来越多的企业已经认识到人力资源的重要性,并将人力资源的开发与管理作为企业管理的一项重要内容。那么,我们首先要明确什么是人力资源,即对人力资源进行定义。

管理大师彼得·德鲁克在其著作《管理实践》中提出了"人力资源"这一概念。他指出:与其他资源相比,人力资源是一种特殊的资源,必须通过有效的激励机制才能开发利用,并为企业带来可观的经济价值。随着人力资本理论的提出,人力资源这一概念更加受到重视,并成为管理学界研究的焦点。

由于不同学者对于人力资源所作的定义各不相同,在此不一一罗列。本书在各位学者研究的基础上,将人力资源定义为:一定范围内具备劳动能力的人口所具有的体力和智力的总和。人力资源以人的身体为载体,它是包含在人体内的一种生产能力,并以人的数量和质量来表示的资源。在这里,"一定范围"既可以指一个国家或地区,也可以指一个企业。

【拓展阅读】

人力资本理论

由美国经济学家舒尔茨和贝克尔创立的人力资本理论最早起源于经济学研究。该理论认为人力资本是体现在人身上的资本,即对生产者进行教育、职业培训等支出及其在接受教育时的机会成本等的总和,表现为蕴含于人身上的各种生产知识、劳动与管理技能以及健康素质的存量总和。

二、人力资源的特征

人力资源是一种不同于自然资源和物质资源的特殊资源,相对于其他物质资源而言,它具有以下突出的特征(见图1-1):

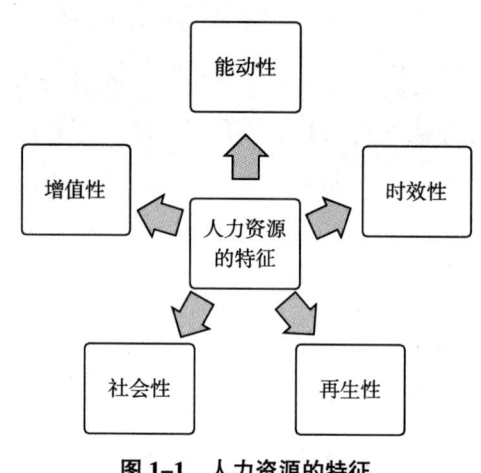

图1-1 人力资源的特征

(一) 能动性

人力资源的能动性是人力资源区别于其他资源的主要特征。人是有目的、有计划地使用自己的体力和智力,主动地利用其他资源来从事社会和经济活动。因此,与其他生产要素相比,人力资源是居于主导地位的资源。

人通过大脑的思维活动,非常清楚自身活动的目的,并可以有效地对自身活动做出选择,调整自身和外界的关系。人力资源的能动性使得人力资源成为所有资源的主导者,支配、协调其他资源,共同达到一定的目标。同时,人的能动意识性决定了人存在不同于其他资源的需求,只要有需求就有激励的可能,因此,可以通过恰当的激励措施,提高人力资源的价值。

(二) 时效性

生老病死是一切生物成长的自然规律,人也不例外,正是由于这种自然规律的存在,使人力资源具有时效性。人力资源必须依附于人体而存在,因此,一定的人力资源只存在于一定的生命周期内。如果某种人力资源在获得后储而不用，就会荒废、退化、过时。因而，对人力资源的开发和利用必须及时，把握最佳时期。

（三）再生性

与物质资源相似，人力资源在运用过程中也会出现磨损与消耗的问题，但不同之处在于，物质资源在消耗后常常就失去了再利用的价值，而人力资源在使用后通过补救措施可以继续发挥效用。如体力消耗后，可以通过休息、补充能量等措施在很短的时间内恢复体力。同时，人力资源是可以开发的，人在成长过程中会被周围环境所影响，人的潜能也在这个过程中形成，也就是潜在的人力资源。这就需要通过培训、激励等方法来开发潜在的人力资源，并使其发挥最大的效用。

（四）社会性

每个人都是社会人，人必须生活在一定的群体中，在这个群体中，人与人之间形成错综复杂的人际网络关系。同时人是有意识的，在这种意识性的支配下，人际网络中的人便会产生情感，无论是积极的还是消极的情感，都是无法衡量的。正因为如此，对人力资源的管理的难度远大于物质资源，但事物都是有双面性的，人力资源的管理可以引导这种情感向有利于企业的方向发展，如果这种情感被调动起来，人力资源会表现出比物质资源更大的潜力和效用。

（五）增值性

资源都是有价值的，人力资源也不例外。企业应把人力资源当作一种资本来对待，对人力资源的管理应该被看作是一种投资行为。人力资源有着其他资源无法比拟的能动性和再生性等优势，对人力资源的投资将带来更大的回报。

有些企业把人力当作成本，把员工的努力付出当作其换取报酬理所当然的交换条件。当然，根据等价交换的原则，员工拿报酬的时候应该工作，然而，员工所能创造的价值远远大于其得到的报酬。因此，如果企业把人力资源当作一种资源，以一种尊重、珍惜、感恩的态度对待员工，员工便会自觉地创造更多的价值，使企业获得高利润。在了解了人力资源的五大特征后，企业应该把人力资源当作企业的第一资源。

第二节　人力资源管理概述

管理就是充分开发人力资源以做好工作。

——彼得·德鲁克

一、人力资源管理的概念

人力资源管理就是对企业的人力资源进行计划、组织、指挥、协调和控制等活动，它主要是协调员工与员工的关系、员工与企业的关系，充分利用现有人力资源，并开发潜在人力资源，从而实现企业目标。

二、人力资源管理的目标

企业的发展战略决定了人力资源管理的政策和措施，人力资源管理必须服务于企业的总体战略，因此人力资源管理的目标最终要为企业的战略目标服务。

人力资源管理作为企业的内部职能，通过对企业人力资源的管理活动，创造良好的环境，发挥员工的潜能，促进个人目标与企业目标的实现，使企业高效运行。

【拓展阅读】

百家争鸣

美国学者约翰·伊万切维奇认为，人力资源管理的目标包括实现组织目标、有效使用员工的技能和能力、选择高素质的员工、提高员工工作满意度和自我实现等。

美国学者阿姆斯特朗认为，人力资源管理目标是：将人力资源管理与企业业绩和商业目标紧密结合；实现组织目标和个人目标的结合，促进整体绩效的提升；为员工提供理想的工作环境；为员工提供充分发挥潜力的支持和条件等。

我国学者萧鸣政认为，人力资源管理的目标是要保证组织的人力资源需求得到最大限度的满足；开发和管理组织内外的人力资源，促进组织的持续发展；维护和激励组织内部的人力资源，使其潜能得到最大限度的发挥等。

三、人力资源管理的内容

人力资源管理实践活动就是利用现代科学技术和管理理论，通过源源不断地获取人力资源，并对所获取的人力资源进行开发、整合、利用、配置等一系列活动，从而为实现企业战略目标提供充足的人力资源保证。人力资源管理是实现组织目标的一种有效手段，其内容主要包括以下几方面：

(一) 工作分析

工作分析是对组织架构的完善过程，通过工作分析，我们可以清晰地看到某个岗位具体的工作内容，以及在该岗位的员工应该具备哪些素质。工作分析的成果是形成工作说明书。工作说明书应对以上两部分内容做清晰的描述。工作分析是人力资源管理各大模块的基础，它会影响到人力资源管理的其他活动，如员工甄选标准、培训方案、绩效评估标准、薪金水平等。

(二) 人力资源规划

人力资源规划就是对企业整体的人力资源情况进行统筹，以企业自身所具有的人力资源为中心，兼顾竞争对手以及社会流动的人力资源。人力资源规划活动主要是预测人力资源需求和供给状况，当然，这两部分又都包含数量和质量两个方面，做好人力资源规划可以使企业获得可持续发展。

(三) 招聘与录用

员工招聘和录用是企业根据人力资源规划和需求而开展的人力资源管理活动。招聘的目标是能够迅速地、合法地以及有效地找到公司需要的求职者。在这个过程中，需要采用科学的方法和手段对所需要的人员进行评估和选择。招聘与录用工作最关键的就是要找到最合适的员工，这样才会增加企业人力资源的价值。

(四) 员工培训

员工培训是一种有计划、有目标、有步骤的学习和实践。通过培训能够提高员工的知识水平和技能、改善员工的工作态度，从而使其更好地完成组织的各项工作。随着竞争的加剧，如今的员工必须能够适应技术的变化、知识的革新以及消费者需求的提高，这一切使得员工培训越来越受到企业的重视。

(五) 绩效管理

绩效管理是以改善组织和个人的绩效为目标的沟通过程。主要包括绩效规划、绩效实施、绩效考核、绩效反馈四个环节，并且这四个环节环环相扣，使绩效管理成为一个循环系统。

组织通过绩效考核工作衡量员工的工作绩效，并把这些评价结果传达给员工。其目的在于激励员工继续保持良好的行为并改正不恰当的行为。绩效评价的结果可以作为人力资源管理部门的人事决策依据，例如员工的晋升、降级、解聘和加薪等。绩效管理要以善意帮助为出发点，人力资源管理者切不可凭"官威"自居，绩效管理的最终目标是帮助员工提高绩效。

(六) 薪酬管理

薪酬包括基本薪酬、激励薪酬和福利薪酬。薪酬管理就是以员工的职位、资历、工作绩效为依据，结合市场薪酬水平，通过与员工的沟通确定员工的报酬总额、报酬结构以及报酬形式。薪酬管理是人力资源管理过程中的重要环节，它关系到员工的切身利益，在薪酬管理的过程中公平性是最重要的原则之一。在薪酬管理中，虽然直接的货币报酬是必需的，但非货币报酬对某些有特定需求的员工来说更具有吸引力，比如幼儿看护、单身公寓等。

（七）职业生涯管理

职业生涯管理是对员工未来的工作技能以及员工职业生涯的规划与开发。企业通过向员工提供职业发展咨询，帮助员工制订个人发展计划，使企业和个人的发展能够相互协调，既实现员工的个人成长，同时也能促进企业目标的实现，即实现企业与员工共同发展。职业生涯管理也可以作为一种福利，吸引优秀的员工留下。

（八）劳动关系管理

劳动关系管理是指在法律法规的约束下，通过一系列规范化、制度化的管理，规范劳动双方的行为，保障劳动双方的权益，促使企业与员工之间实现共赢。企业劳动关系主要包括企业所有者、企业管理者、一般职员和工会之间在企业生产经营过程中所形成的责、权、利之间的关系：企业所有者与全体员工的关系；企业管理者与一般员工的关系；企业管理者与工会的关系；工会与职工的关系。随着"80"、"90"后的入职，劳动关系越来越成为人们关注的焦点，传统的劳动关系管理模式——以企业为主导的模式，显然已经不再适用，富士康的跳楼事件、本田零部件工厂的罢工事件等均表明，企业应注重员工的利益，应把传统的以企业利益为重心向以员工利益为重心的劳动关系管理模式转变，关注员工权益，建立合理的沟通机制。

四、现代人力资源管理与传统人事管理的区别

人力资源管理传统上被称作人事管理，而现代的人力资源管理，不管从对企业人才的管理，还是管理的方法等方面都远远地超过了传统人事管理的范畴。传统的人事管理以"事"为核心，通过对人的监督和控制完成各项工作任务，并且将人力看作是企业的一项成本，人力资源部门仅仅作为企业的一个职能部门来完

成其相应的工作，与其他部门之间的横向沟通比较少；而现代人力资源管理注重以人为本，重视对人才的挖掘和培养，尤其关注对知识型员工的开发与管理。现代人力资源管理部门已经上升为企业重要的战略职能部门之一，其职能由行政权力型转向服务支持型，并且与各部门紧密配合，共同推动企业战略目标的实现。

现代人力资源管理与传统人事管理的区别如表 1-1 所示。

表 1-1 现代人力资源管理与传统人事管理的区别

现代人力资源管理	传统人事管理
以"人"为核心，强调动态管理，目标是优化人与事的系统	以"事"为中心，强调对"事"进行静态控制和管理，目的是控制人
把员工当作企业发展的宝贵资源	把人力看作一种成本
成为企业一个重要的战略职能部门，与各部门关系密切	仅仅作为一种职能部门，与其他部门关系不大

第三节 本书的内容结构

为了使本书内容的逻辑结构更加清晰，特给出本书的内容结构，如图 1-2 所示。

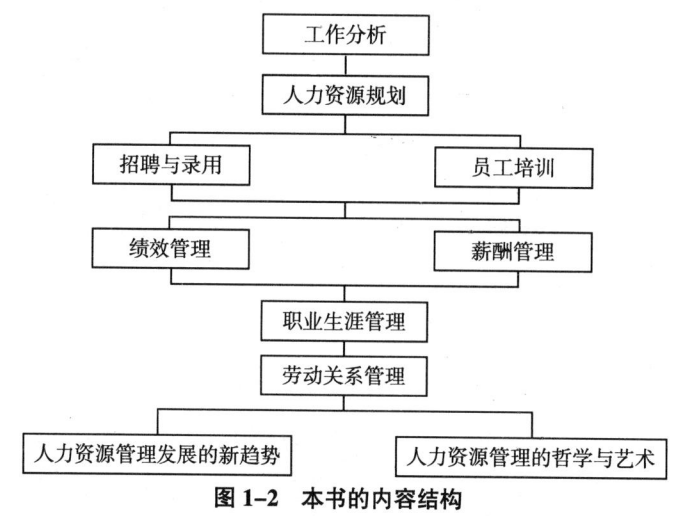

图 1-2 本书的内容结构

本章小结

本章主要介绍人力资源的概念、特征以及人力资源管理的概念、目标和内容。

人力资源是指一定范围内具备劳动能力的人口所具有的体力和智力的总和。人力资源具有能动性、时效性、再生性、社会性和增值性。

人力资源管理就是对企业的人力资源进行计划、组织、指挥、协调和控制等活动,它主要是协调员工与员工的关系、员工与企业的关系,充分利用现有人力资源,并开发潜在人力资源,从而实现企业目标。人力资源管理的内容主要包括工作分析、人力资源规划、招聘与录用、员工培训、绩效管理、薪酬管理、职业生涯管理和劳动关系管理八个方面。

第二章　工作分析

开篇案例

机床周围地板的清洁工作谁来做？

某企业的生产车间里，操作工小李不慎将大量液体洒在机床周围的地板上，其实类似的事情以前也经常发生。但不巧的是，这次刚好遇到车间主任，于是车间主任叫小李把地上的液体清扫干净，小李却以工作说明书上没有负责清扫这条规定为由，拒绝车间主任的命令。没有办法，车间主任就找到一名服务工，但是服务工以同样的理由拒绝了车间主任。车间主任很是恼怒，就以解雇来威胁该服务工，因为这名服务工是分配到车间来做杂务的临时工，服务工不悦地答应了，但是干完活之后立即向公司投诉。

有关人员看了投诉后，第一时间审阅了机床操作工、服务工和勤杂工的工作说明书。机床操作工的说明书规定：操作工有责任维持机床的清洁，使其可正常操作和运行，但并没有提到清扫地板。服务工的工作说明书规定：服务工有责任以各种方式协助操作工，如领取原料和工具、随叫随到、即时服务，同样也没有包括清扫工作。勤杂工的工作说明书中包含了一切清扫工作，但是他们的工作时间是在操作工下班之后。

那么，机床周围地板的清洁工作到底应该谁负责呢？各类员工的工作说明书对这一问题都没有明确的规定，由此造成了管理上的困惑。

资料来源：http://www.yjbys.com/bbs/122318.html.

人力资源管理

【案例启示】清扫工作虽小,但也不容忽视,而且在企业管理的过程中,其他工作也可能出现类似的问题。要解决这一难题,关键在于做好工作分析,厘清职责范围和工作权限,避免职责上的"真空地带"。

> **本章您将了解到:**
> - 工作分析的内容、原则
> - 工作分析的程序
> - 工作分析的常用方法
> - 工作说明书的概念
> - 工作说明书需包含的内容

第一节　工作分析概述

就像奶牛不需要多加乳头,我们的汽车也不需要多余的火花塞。

——亨利·福特

工作分析是人力资源管理活动的基础。有效的工作分析能够使企业更加合理地进行人员配置,明确员工的工作职责和权力范围,充分利用人力资源的价值,完成企业的目标。

一、工作分析的概念

工作分析是指通过系统全面的信息收集工作,获取与某一职位相关的全面信息,并且将有关这一职位的信息完整准确地描述出来,以对组织内某一职位有充分的了解。

工作分析就是要回答以下七个方面的问题,如图2-1所示。

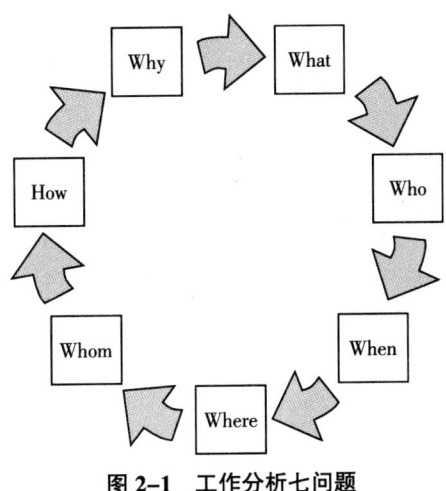

图2-1 工作分析七问题

Why:为什么要做?即设置该职位的目的是什么,这些工作对其他工作有什么影响。

What:做什么?即这一职位具体的工作内容是什么,任职者所要完成的工作、产出结果、衡量标准是什么。

Who:由谁来做?即具备什么样素质和能力的人能够胜任这一职位,也就是我们平时所说的任职条件,包括个性特征、学历水平、技能等级、工作经验等。

When:何时做?即工作的时间安排。除了正常的工作时间安排以外,还可以注明需不需要加班以及加班的频率等。

Where:工作在哪里进行?即工作地点以及环境等。

Whom:工作的服务对象是谁?即任职者监督、指挥或是请示、汇报工作的对象是谁。

How:如何进行工作?即工作流程、工作规范以及所涉及的机器与设备等。

概括起来看,通过工作分析,企业主要可以获得两方面的重要信息:一是这一职位的具体工作是什么;另一方面则是什么样的人能够完成这些工作。

二、工作分析的原则

为了更好地进行工作分析，企业应该遵循以下几个基本原则：

（一）目的性原则

企业首先要明确工作分析的目标及其成果的用途，并以此作为构建整体工作分析系统的依据。

（二）战略性原则

企业的发展战略决定企业一切工作的方向和内容。因此，工作分析要以企业战略为导向，体现各个职位对企业战略的价值和贡献。

（三）动态性原则

在企业发展的过程中，各个职位的情况都会发生变化。因此，工作分析要坚持动态性原则，及时、准确地反映职位信息。同时，动态性是企业在动态的经济环境中得以发展壮大的保证，只有适时、适地的改变，保持动态均衡，才能使企业跟上整体经济的发展。

（四）经济性原则

企业开展的任何一项工作都需要人力、物力、财力的投入，工作分析也不例外。因此，在进行工作分析的过程中要控制资金的投入，在保证工作顺利完成的前提下，尽可能地降低工作成本。

（五）整体性原则

工作分析是针对各个职位进行的，但是企业内各工作岗位之间的关系是紧密联系的，因此在工作分析时要重视各职位的逻辑关系，突出职位在整个工作流程中的衔接与磨合。只有坚持整体性的原则，才能使各工作岗位实现互补，避免出现影响企业效率的"怠工"或无人负责的情况。

（六）实用性原则

工作分析是人力资源管理活动的基础工作。它的成果（工作说明书）应该可以作为招聘、培训、绩效管理等其他活动的参考依据。工作说明书一定是对本企业内部某岗位的说明分析，应紧扣实用原则，切忌张冠李戴。

三、工作分析在人力资源管理中的地位和作用

（一）工作分析是人力资源管理工作的基础

它对其他人力资源管理工作具有举足轻重的作用，主要表现在以下几个方面，如图 2-2 所示。

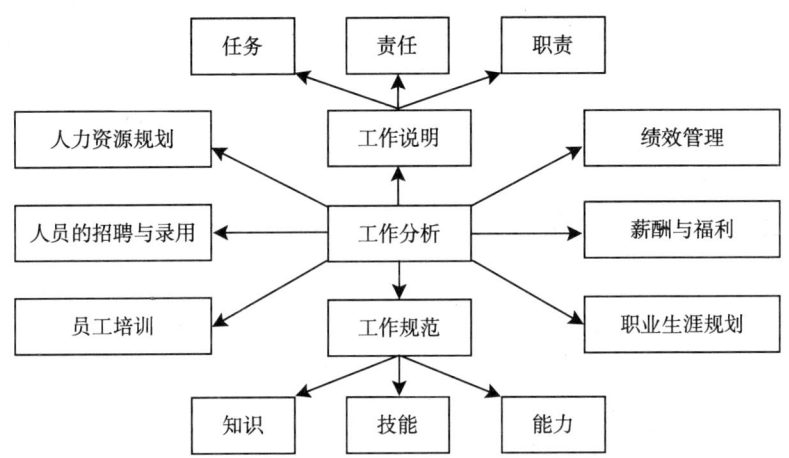

图 2-2　工作分析在人力资源管理中的作用

资料来源：李燕萍.人力资源管理［M］.武汉：武汉大学出版社，2002.

（1）工作分析为人力资源规划的制定和实施提供了必要的信息，它对内部各个职位工作量的分析有助于管理者确定职位数量的增减。同时，工作分析对职位任职资格的描述，也有助于企业人力资源的需求预测。

（2）工作分析对任职资格的描述为人员的招聘与录用提供了具体明确的标准。通过工作分析我们可以了解到各个职位的任职者必须具备的知识、技能及经验等，在此基础上制定企业选人和用人的标准，有利于提高招聘质量和效率。

（3）工作分析对工作内容的描述为员工的培训与开发提供了明确的依据。不同的职位对员工的知识、技能等方面的要求是不同的，为了使员工能够更好地胜任岗位工作，企业需要不断向员工提供培训和开发。按照工作分析的结果，设计

和制订培训方案,能够使培训更有针对性,并取得良好的成效。

(4)工作分析有助于企业进行绩效管理。绩效管理是实现企业目标的关键环节,工作分析对每个职位的工作产出结果所要达到的标准都进行了明确的规定,这就为绩效考核提供了科学合理的依据。

(5)工作分析对各个职位承担的责任、需要的技能水平和素质等做出了具体的描述,确定了企业内部各职位的价值大小和相对重要性,从而为制定公平合理的薪酬与福利政策奠定了基础。

(6)工作分析有助于组织成员进行职业生涯规划。在进行职业生涯规划的时候,需要将个人的技能和愿望与组织内已经存在的,或者将来可能出现的机会相结合,这就需要了解各个职位工作的相关要求,而工作分析正好为我们提供了所需的信息。

可以看出,工作分析在人力资源管理中占据着十分重要的地位,并且极大地促进了人力资源管理的其他工作。

(二)工作分析为组织职能的实现奠定基础

工作分析有助于员工审查和总结自己的工作内容和工作行为,以帮助员工自觉主动地发现工作中存在的问题。借助工作分析,组织的最高管理层能够充分了解每一个工作岗位上的员工目前所做的工作,发现职位之间的职责交叉或是职责空缺等问题,并通过职位的合理调整,人岗匹配,优化人力资源的配置,从而提高组织的协同效应。

第二节 工作分析的程序

工作分析是一个全面而细致的评价过程,它让你了解企业的每一个角落。

——佚名

工作分析是一个全面而细致的评价过程，这一过程通常可以划分为五个阶段：准备阶段、信息收集阶段、分析阶段、完成阶段、反馈阶段，这五个阶段相互联系、相互影响，如图 2-3 所示。

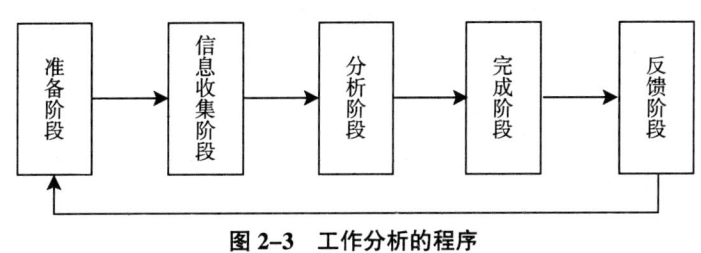

图 2-3 工作分析的程序

一、准备阶段

准备阶段是工作分析的第一阶段，在这一阶段要完成的任务主要包括以下几项：

（一）确定工作分析的目的和用途

明确将要进行的工作分析要解决什么问题，根据不同的工作分析目的，使用相应的方法收集信息。

（二）成立工作分析小组

分析小组的成员一般由以下三类人员组成：①企业的高层领导；②工作分析人员，主要由人力资源管理专业人员组成，并经过专门的业务培训；③外部的专家和顾问，因为他们具有这方面的经验和专业技术，可以防止工作分析的过程出现偏差，保证分析结果的客观性和科学性。

（三）做好其他相关的准备工作

如制订工作分析的时间计划进度表，从而保证各项工作能按照计划进行；提前告知员工将要进行的工作分析的目的，消除员工的疑虑，取得员工的支持和配合。

二、信息收集阶段

信息收集阶段也可以称为调查阶段,主要是调查与工作相关的各个方面,例如工作内容、工作流程、人员素质、所需的环境支持等。具体的工作内容包括以下几项:

(一)收集背景资料信息

这些资料包括企业的组织层级架构图、工作流程图以及以往的工作分析资料。企业的组织层级架构图指明了某一职位在企业中的位置,清晰地描述了与这一职位有关的上下级关系、平级同事关系;工作流程图指出了工作过程中物料、人力资源、信息、资金的流向和交换以及相关的权限;以往的工作分析资料包含分析这一职位的有用信息,这些背景资料都有利于全面地了解某一职位的情况。

(二)收集职位的相关信息

这些信息包括以下几类:

1. 与工作有关的活动信息

如采用的动作方式、动作标准、动作用时等。

2. 与工作有关的其他有形或无形因素

如该职位所涉及的知识、沟通方式、工作中加工处理的物料、产出等。

3. 工作中所使用到的机器、设备及其他辅助工具的信息

如车床、电话、电脑、传真机、加工材料等。

4. 绩效标准

如工作的质量、数量或者工作的每一方面所耗费的时间等。

5. 工作环境信息

包括工作的物理环境、工作时间表以及这一职位带来的组织和社会关系。

6. 与人有关的信息

如工作对人的生理特征、个性、知识、能力、技术水平以及精力等方面的要求。

三、分析阶段

在获得了有关职位的大量信息之后，接下来所要进行的工作就是对这些信息做深入、全面的分析，具体工作包括：仔细审核已经搜集到的各种信息；将搜集到的众多信息按照工作说明书的各项要求进行提取剔除、归类整理，检查是否有遗漏的项目，并与任职者以及其直接主管共同校验所收集到的信息是否真实、准确、全面；分析资料，归纳总结各职位的关键因素，如实地反映职位的特征和要求。

四、完成阶段

这一阶段的主要任务是编写工作说明书，工作说明书的内容包括工作描述以及工作规范，编写时要综合任职者、直接主管、其他管理者、分析专家的意见。本书将在本章的第四节详细介绍工作说明书的编写过程。

五、反馈阶段

这一阶段的主要任务是将工作分析的结果应用到人力资源管理以及企业管理的生产、财务、营销等相关方面，充分利用从工作分析中得到的职位信息，将应用效果反馈给相关管理者，并对某些职位分析进行调整，以充分反映职位的特征和要求，帮助企业实现人员的合理配置。

工作分析的五个阶段并不具备完全清晰的界限，在人力资源管理实践中，通常有部分交叉，如在分析阶段就会逐渐形成工作说明书，而当到了完成阶段时，就只需对工作说明书进行整理即可。人力资源管理大部分工作都是有柔性的，因此，在工作中切忌生搬硬套。

第三节　工作分析的方法

重要的不是知识的数量，而是知识的质量，有些人知道很多很多，但却不知道最有用的东西。

——托尔斯泰

根据搜集到的信息，企业可以采用不同的方法进行工作分析。常见的工作分析方法包括观察法、工作实践法、访谈法、问卷调查法、关键事件法等。

一、观察法

这种方法是由工作分析人员直接观察所需分析的工作，记录某一时期该职位的工作内容、形式、过程和方法，并在此基础上进行分析的方法。

使用观察法时要注意所选取的工作样本要具有代表性，并且在观察中不要干扰员工的正常工作，以免影响观察结果的准确性。若有条件，最好由几名观察者在不同的时间进行，以减少偏差。此外，为了进一步提高观察法的有效性，管理者应该列出观察提纲（见表 2-1）。

使用观察法，工作分析人员能够直接观察到与工作相关的各个方面，并且可以与岗位的工作人员交流和沟通，能够对该工作岗位有全面且深入的了解。这种方法一般适应于那些重复性大、周期较短且需合理利用身体活动来完成的工作。例如，观察流水线上操作员的工作。而不适用于观察需要较高脑力劳动的工作或一些需要快速处理的间歇性工作，如护士、咨询人员等。

表 2-1　工作分析观察提纲示例

被观察者的姓名：_____　　　日期：_____
观察者姓名：_____　　　　　观察时期：_____
工作类型：_____　　　　　　工作部门：_____
观察内容包括以下几项：
　1. 什么时候开始正式工作_____
　2. 上午工作多少小时_____
　3. 上午休息几次_____
　4. 第一次休息时间从_____到_____
　5. 第二次休息时间从_____到_____
　6. 上午完成产品多少件_____
　7. 平均多长时间完成一件产品_____
　8. 与同事交谈几次_____
　9. 每次交谈几分钟_____
　10. 室内温度_____
　11. 抽了几次烟_____
　12. 喝了几次水_____
　13. 什么时候开始午休_____
　14. 生产了多少次品_____
　15. 搬了多少次原料_____
　16. 噪声分贝是多少_____

资料来源：胡君辰,郑绍濂.人力资源开发与管理［M］.上海：复旦大学出版社,2005.

二、工作实践法

工作实践法指的是由工作分析人员亲自从事所需调查研究的工作，体验工作的整个过程，以搜集相关信息的一种方法。通过亲自实践，分析人员能够深入、真实地了解和分析某种工作人员的工作状态及工作所需的各种心理素质和行为模式。

工作实践法能够帮助工作分析人员及时获得与工作相关的第一手资料，从而准确、全面地了解工作的实际流程，以及工作的任职要求。但是，由于它要求工作分析人员具备从事某项工作的知识和技能，因而具有一定的局限性，它适用于短期内可以掌握的工作或者工作内容比较简单的情况，而不适用于那些需要进行大量的训练及有一定危险性的工作。

三、访谈法

访谈法又称面谈法,是指工作分析人员直接与工作所需的相关人员就工作的各个方面进行面对面的会谈来了解工作信息的方法。当工作分析者不能亲自从事所研究的工作或者不能去现场观察时,可以利用访谈法来搜集相关的工作信息。访谈法分为个别访谈法和集体访谈法。个别访谈法主要是在各职位的工作职责之间有明显差别时使用;集体访谈法主要是针对多名员工从事同样的工作时使用。访谈大纲的确定是访谈法实施的第一步。访谈大纲就是要列出需要提出的主要问题,这些问题应该包括与工作说明书的编写相关的所有问题。

访谈法可以获得关于员工思想深处的想法和难以观察到的信息,但是被访谈者往往不了解访谈的目的,出于某些担心和压力,他们在回答问题的时候可能会有所保留,或是有意无意地曲解其职位情况。因此,不能单独采用访谈法进行工作分析,而应该将它作为一种辅助的工作分析方法。

【拓展阅读】

访谈需注意的问题

(1)选择最了解工作内容、最能客观描述工作职责的员工。

(2)尽快营造融洽的氛围,说明访谈的目的及选择对方进行访谈的原因。

(3)事先准备一份完整的访谈问题表。

(4)不要流露出对工资待遇的过分关注,否则员工会夸大职位的职责。

(5)若工作不是每天都相同,就请员工将各种工作职责一一列出,然后请他按照工作的重要性排序。

(6)若访谈中出现对主管人员的抱怨,工作分析者不要介入。

(7)避免出现争执。

（8）访谈结束后，将收集到的资料请任职者和他的直接上级仔细阅读，并进行一定的修改或补充。

四、问卷调查法

问卷调查法是通过将访谈时所需要提问的问题制作成问卷发给被调查的员工，让他们现场或在一定时间内进行填写，从而收集工作信息的方法。问卷调查的关键是设计一份良好的问卷，一般来说，所提的问题要尽量通俗易懂，避免理解上的偏差，问题的范围要尽量广泛，避免遗漏。

问卷调查能够迅速获得工作分析所需要的资料，而且节省人力、物力，适用于需要对很多工作者进行调查的情况，还可以将调查资料数据化，利用计算机进行数据处理。但是，采用问卷调查方法时，设计一份合理的问卷往往耗费较大，调查表由被调查者单独填写，难以进行监督。因此，被调查者有可能不认真填写进而影响了结果的真实性。

【案例 2-1】

某公司职位分析调查问卷

亲爱的同事，此次问卷调查是调查你所做工作的相关内容，并最终对信息分析、处理后编制岗位说明书，以规范公司工作岗位的职责。

问卷调查只针对工作本身，不涉及任何个人因素，并且调查结果十分重要，请您认真填写。谢谢您的配合。

工作分析调查问卷

部门：_____　　　　岗位：_____

岗位职责	核心职责	
	常规职责	
核心贡献		
工作关系	内部关系	
	外部关系	
任职要求	1.学历要求： 初中及以下、高中、中专或职高、大专、本科及以上 专业：					
	2.须具备哪些专业知识？					
	3.须具备哪些工作经验？及其工作年限？					
	工作经验			工作年限		
	4.你认为完成岗位工作必需的专业资格认证有哪些？					
	5.必须具备的能力	低	较低	一般	较高	高
	（1）组织协调能力					
	（2）业务实施能力					
	（3）开拓能力					
	（4）决策能力					
	（5）语言文字能力					
	（6）理解判断能力					
	（7）社会活动能力					
	（8）根据你的经验可列举其他方面					
	6.你的工作，对体力方面的要求如何？ 轻　　较轻　　较重　　重					
工作环境	1.工作中所需的设备与工具（仅列出最主要的四种）					
	2.工作环境危害程度					
	危害源	极少	轻微	中度	较重	严重
	注：危害源包括高压、高空、深水、噪声、震动、污垢、尘埃、油腻、烟灰等					
其他需要说明的问题：						
工作的基本特征	1.对整个公司负责。　　　　　　　　（　） 2.对自己的部门和相关部门负责。　　（　） 3.对整个部门负责。　　　　　　　　（　） 4.仅对自己的工作结果负责。　　　　（　）					

续表

工作的基本特征	1. 偶尔须作决策，并对一些人产生影响。（ ） 2. 时常作一些决策，对所在部门有影响，一般不影响其他部门。（ ） 3. 时常作一些大的决策，对所在部门和相关部门有影响。（ ） 4. 经常作重大决策，并对整个公司有重大影响。（ ）
	1. 工作程序和方法有规定，遇到问题时可随时请示上级，工作结果须报上级审核。（ ） 2. 上级仅指示工作要点，并不时常指导工作，但遇困难时仍可直接或间接请示上级，工作结果仅受上级对要点的审核。（ ） 3. 上级只说明要达到的目标或任务，不规定具体的方法和程序，工作结果仅受上级对原则的审核。（ ）
	1. 工作的方法和步骤大部分相同。（ ） 2. 工作的方法和步骤有一半相同。（ ） 3. 工作的方法和步骤大部分不同。（ ） 4. 工作的方法和步骤完全不同。（ ）
	在工作中，你需要做计划的程度： 1. 无需做计划。（ ） 2. 需要做一些小的计划。（ ） 3. 需要做部门计划。（ ） 4. 需要做公司整体计划。（ ）
	在你的工作中接触资料的公开性程度： 1. 属公开性资料。（ ） 2. 属于不可向外公开的资料。（ ） 3. 属于机密资料，仅对中层以上的领导公开。（ ） 4. 属于高度机密，仅对少数高层领导公开。（ ）
工作压力	1. 是否经常要迅速做出决策？ 　没有　很少　有一些　许多　非常频繁 2. 是否要经常处理一些紧急事宜？ 　没有　很少　有一些　许多　非常频繁 3. 是否要求高度的精力集中，如果是，约占工作总时间的比重多少？ 　60%以下　60%~70%　71%~80%　81%~90%　91%以上 4. 是否面临一些有限期的工作？ 　没有　很少　有一些　许多　非常频繁

资料来源：http://www.yjbys.com/bbs/122318.html。

五、关键事件法

关键事件法是通过一定的表格，专门记录员工在工作过程中那些做得特别好和做得不好的事情，以此来获取与岗位工作相关的全面信息。记录内容主要包括：①导致事件发生的原因和背景；②员工特别有效或无效行为的特征现象；

③关键行为的结果；④员工可以控制的范围及努力程度。

收集到大量的信息之后，对信息进行分类和归纳，根据各个关键事件的发生频率、重要程度、对任职者能力的要求等原则总结出工作的关键特征和行为要求。关键事件法的结果还可以帮助企业进行绩效评价以及招聘和培训的相关决策。

关键事件法关注的是员工的行为，通过这种方法能够确定岗位所需的正确行为。但是，关键事件法的实施需要耗费大量的时间，并且容易遗漏了一些不显著的行为。因此，这种方法适用于员工行为容易观察，行为结果易于测量的工作。

【案例 2-2】
关键事件法的应用

某项有关销售的关键事件记录总结了销售工作的 14 种行为：

(1) 善于分析用户订货和市场信息；

(2) 对市场需求的变化有强烈的感知；

(3) 善于与管理人员进行沟通和交流；

(4) 诚实；

(5) 守信；

(6) 坚持用户至上，努力满足用户需求；

(7) 积极获取用户的反馈信息，并对信息加以重视；

(8) 有责任向用户宣传公司其他产品；

(9) 为扩大销售利润和市场占有率努力；

(10) 持之以恒地学习，掌握新的销售技巧；

(11) 销售过程中有创新精神，敢于突破常规；

(12) 注重自身形象，并且努力为公司树立良好形象；

(13) 会对账目进行审核；

(14) 工作积极主动。

在此基础上，可以设计销售人员的选拔方案、销售工作的考评表，销售人员的薪资标准和销售人员的培训方案等。

以上所介绍的五种主要的工作分析方法各有优劣，在实际工作中，往往要根据不同的目的进行选择。同时，工作分析者应该广泛收集信息，采用多种工作分析方法，保证工作分析真实、全面并具有科学性。

第四节　工作说明书

工作说明书是工作分析的精华之所在，是开展人力资源管理工作的依据。

——佚名

一、工作说明书的定义

工作分析的最终结果是产生工作说明书，即把各个工作岗位的特点和任职要求以书面的形式确定下来，从而为招聘、培训、绩效考核等人力资源管理工作提供依据。

工作说明书包括两部分的内容：一是工作描述，它反映了岗位的工作情况，是关于岗位所从事或承担的任务、职责的目录清单；二是工作规范，反映了岗位对任职者的资格要求，即人们为了完成工作活动必须要具备的知识、技能和其他特征的目录清单。

二、工作说明书的编写

编写工作说明书主要包括以下几个具体的项目：职位标识、职位概述、履行职责、业绩标准、工作关系、使用设备、工作环境和工作条件、任职条件以及其他信息，其中任职条件一项属于工作规范，其余各项都属于工作描述。

（一）职位标识

职位标识一般包括以下几项内容：职位编号、职位名称、所属部门、上下级从属关系和职位薪点。这些内容可以让员工对职位有直观的认识。

为了方便对职位进行管理，企业根据实际情况决定职位编号的编排方式；职位名称应当简洁明了，尽可能反映职位的主要职责和职务；职位薪点是工作评价所得到的结果，反映了这一职位在企业内部的价值和相对重要性，是确定这一职位基本工资的参考标准。

（二）职位概述

职位概述以简洁的话语说明这一职位的主要工作内容和职责。如某公司人力资源部经理的职位概述为：制定、执行与人力资源管理活动相关的各方面政策；为填补职位空缺而进行雇员招聘、甄选等活动；负责新员工的上岗引导工作，根据调查确定工资率；与工会及相关主管人员共同解决纠纷，处理好员工劳动关系问题。

（三）履行职责

履行职责是职位概述的具体描述，描述这一职位承担的职责、任务和活动。在实际操作过程中，做好这一部分是比较困难的，一般而言要遵循3步（见图2-4）。

在履行职责部分，还有一个问题需要注意，即若某项职位是由若干项职责组成的，那么要将这些职责按照一定的顺序进行排列，不能随意堆砌。

很多情况下，企业都会按时间多少来排列各项职责，这有利于衡量职位的工作量是否合理。若一项职位的大量时间都被用去完成非常简单的职责，说明这一职位的工作量不足；相反，在某一职位，若本该占用较多时间的职责只被分配了很少的时间,则表明该职位的工作量有些超负荷。

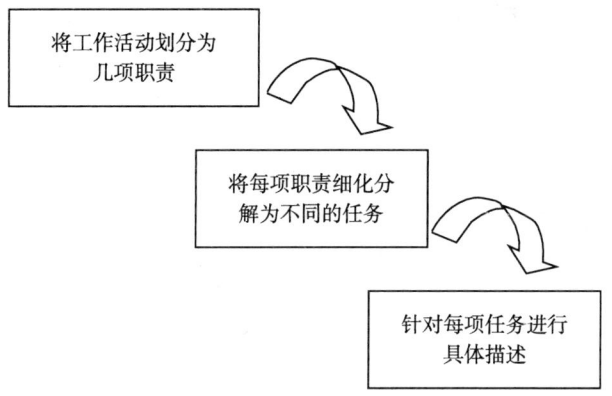

图 2-4 描述职位职责

【拓展阅读】

排列职责要坚持两个原则

(1) 按照这些职责的逻辑顺序进行排列。

(2) 当无逻辑顺序时,按照各项职责所占用的时间多少进行排列。

(四)业绩标准

业绩标准用来衡量每个职位的每项工作业绩的要素和标准。衡量要素是指对于每项职责,应当从哪些方面来衡量它的完成情况;衡量标准是指这些要素必须达到的最低要求,可用具体数字或者百分比来表示。

(五)工作关系

工作关系指某一职位在日常工作的情况下,主要与企业内部和外部的哪些部门和职位发生工作沟通和联系。需要注意的是,偶尔发生联系的部门和职位一般不归入"工作关系"的范围之内。

(六)使用设备

使用设备指工作过程中要使用的各种工具、仪器、办公用品、设备等。

(七）工作环境和工作条件

工作环境和工作条件包括工作的时间要求、地点要求以及工作环境的温度、湿度、亮度等物理环境。

(八）任职条件

任职条件是对担任某个职位人员素质的具体要求。有些岗位的任职条件必须符合国家行业的规定，其他的任职条件可由企业根据需求自行设定。如身体特征、资历、智力程度、特殊能力（逻辑思维、人际交往、动手操作等）、爱好兴趣、性格、适应特殊工作环境（如频繁出差）等。

任职条件可根据工作内容和工作绩效两方面来确定。任职条件中与工作内容有关的，如专业、学历水平和身体状况等，应根据实际工作中所要求的情况或者是主管人员的经验判断，来确定任职条件；任职条件中与工作绩效有关的，如能力、知识和素质等，首先选定影响工作绩效的要素，然后利用统计的方法验证这些要素与工作绩效之间的关系，以此来确定任职资格要求。

(九）其他信息

当有其他需要说明的，但又不属于工作描述和工作规范的内容可以在其他信息中加以说明。

【案例2-3】

薪酬福利主管的工作说明书

职位名称：薪酬福利主管	职位编号：	所属部门：人力资源部
直接上级：部门经理	薪金标准：	职位等级：
填写日期：	任职者签名：	核准人：
职位概述： 根据《劳动法》、社会保险等法规文件和公司的用工制度，负责薪酬福利的制度建设和具体实施，发挥薪酬福利的激励、控制作用，充分调动员工工作积极性。通过分析人工费用成本，提出人力资本投入产出的建设性意见供领导参考。		

续表

履行职责：
1. 制定公司薪酬和福利制度。
2. 根据实际情况，调整薪酬福利政策。
3. 负责收集市场薪酬福利相关信息，并且密切关注国家相关政策。
4. 完成公司人力资源分析报告，及时更新员工信息。
5. 对公司人力资源费用进行控制。
6. 及时发放工资。
7. 办理养老保险、医疗保险、失业保险、工伤保险和住房公积金等社会保险和基金。
8. 负责员工考勤和休假管理。
9. 根据公司情况，制订工作计划。

业绩标准：
提出的方案有效，所有的统计数据准确无误，相关表格编制及时、规范。

工作关系：
内部：公司各部门　参控股单位
外部：交通部门　政府劳动部门　社保局　银行　医院等

使用设备：办公电脑及日常办公用品

工作环境和工作条件：
工作场所：办公室
工作环境：舒适
工作时间：8：00~17：00

任职条件：
学历与专业：人力资源管理、企业管理及相关专业本科及以上学历
经验：从事人力资源管理工作2年以上
职称：经济师或以上职称
个人素质：有责任心，能独立完成所负责工作，熟练使用Office和工资管理软件。
业务知识范围：熟悉人力资源管理理论和劳动法规、社会保险法规、薪酬福利管理及劳动统计等知识，掌握薪酬福利业务技巧，了解人力资源管理的最新动态。

其他：

本章小结

　　本章主要介绍了如何进行工作分析以及编写工作说明书。工作分析是一个全面而细致的评价过程，这一过程通常可以划分为五个阶段：准备阶段、信息收集阶段、分析阶段、完成阶段、反馈阶段。工作分析者可以通过不同的方法进行工作分析，每种方法各有优缺点，为获得准确全面的信息，工作分析者需根据实际情况，结合多种方法进行工作分析。

通过工作分析获得编写工作说明书所需要的信息,工作说明书包括职位标识、职位概述、履行职责、业绩标准、工作关系、使用设备、工作的环境和工作条件、任职条件以及其他信息。

第三章　人力资源规划

开篇案例

手忙脚乱的人力资源经理

　　A集团在短短5年之内从一家手工作坊跃升为国内著名的食品制造商。可企业最初从不制订人力资源计划，缺人了，就去人才市场招聘。当企业逐渐步入正轨后，这种简单的人力资源管理模式已不能适应公司的发展，因而A集团开始在每年年初制定员工定编人数的多少，人员不足就去人才市场招聘，人数超编时就裁员。但是，一年中不时有人升职、调岗、降职、辞职，年初又有编制限制不能多招，而且人力资源部也不知道招聘人员的数量或者招聘具有什么素质的人，结果人力资源经理一年到头地往人才市场跑。

　　最近，人力资源经理就面临一个巨大的压力：公司3名高级技术工人退休，2名离职，生产线瘫痪，集团总经理召开紧急会议，要求人力资源经理3天之内招聘到合格的人员，进而恢复生产。人力资源经理就只能奔走于全国各地，最终勉强招聘到2名高级技术工人，从而恢复生产。正当人力资源经理得到一点空闲时，地区经理又打来电话，告诉他自己地区公司的人数过多了，刚分配的几个员工不能入职。这时，人力资源经理感到很无力，明明是地区经理自己说缺人，我才去招聘的，为何现在又不要了。后来人力资源经理才了解到，因为招聘时间的问题，当人力资源部招聘到合适的员工时，地区部门已经过了人力资源缺乏的时期，因而就不再需要。

资料来源：http://www.233.com/glzx/fuxi/anli/20090806/08160652.html.

【案例启示】 "凡事预则立，不预则废。"制定一个完善的人力资源规划便可以有效预防案例中人力资源经理所遇到的手忙脚乱的情况，同时也是企业可持续发展的重要保证。企业应该如何制定人力资源规划呢？

本章您将了解到：

● 人力资源规划的概念、内容

● 人力资源规划的流程

● 人力资源需求预测的含义及预测方法

● 人力资源供给预测的概念

● 人力资源内部供给预测的方法

第一节 人力资源规划概述

策之而知得失之计，作之而知动静之理，形之而知生死之地，用之而知有余不足之处。

——《孙子兵法·虚实》

随着企业发展战略在企业管理中的作用日益重要，人力资源战略必须服从于企业发展的战略，而人力资源规划是人力资源战略实现的重要前提。因此，人力资源规划在企业人力资源管理中起到重要的作用。

一、人力资源规划的概念

人力资源规划又称人力资源计划，是指根据组织的愿景、使命、发展战略、目标及组织内外部环境的变化,采用一系列科学的方法预测企业的人力资源需求和供给情况,制定一系列适合企业发展规划的人力资源政策与措施,从而使企业的人力资源需求和供应达到平衡,并为企业的持续发展提供充足的人力资源保证。

组织人力资源管理的顺利开展依赖于细致的人力资源规划,因为通过人力资源规划能够确定组织未来的人员需求状况,并据此进行人员的招聘、选拔、培训、绩效评价等活动。人力资源规划以未来为导向,为组织中其他的人力资源管理活动提供指导。

二、人力资源规划的内容

人力资源规划的内容主要包括两个方面:

(一)人力资源总体规划

人力资源总体规划是指企业对一定时期内各方面人力资源管理工作的总体描述,它主要包括人力资源管理的总目标、总政策、实施步骤以及总预算等。

(二)人力资源业务规划

人力资源业务规划是总体规划的分解和具体化,包括人员补充计划、人员配置计划、人员接替和提升计划、培训开发计划、工资激励计划、员工关系计划、退休解聘计划等内容。表3-1列出了人力资源业务规划的主要内容。

表3-1　人力资源业务规划的主要内容

规划名称	目标	政策	费用
人员补充计划	从专业类型、数量、学历层次三方面对人员素质结构的改善	人员的资格标准 人员的来源范围 人员的起点待遇	招聘选拔费用
人员配置计划	完成部门编制、促进人力资源结构优化,实现人岗匹配	任职条件、职位轮换的范围和时间	按使用规模、类别和人员状况决定薪酬预算
人员接替和提升计划	保持后备人员数量并改善人员结构	选拔标准、提升比例、未提升人员的安置	职位变动引起的工资变动
培训开发计划	通过增加培训的数量和类型、提供内部人员供给、提高工作效率	培训计划的安排、培训时间和效果的保证	培训开发的总成本

续表

规划名称	目 标	政 策	费 用
工资激励计划	增加劳动供给、提高士气、改善绩效	工资政策、激励政策、激励方式	增加工资奖金的数额
员工关系计划	改善员工与企业、员工与员工的关系、降低离职率	员工管理、加强沟通	法律诉讼费用
退休解聘计划	降低劳动力成本、提高生产率	退休政策及解聘程序	安置费用

资料来源：许文兴. 人力资源管理 [M]. 北京：清华大学出版社，2010.

三、人力资源规划的作用

人力资源规划能够帮助企业更好地应对激烈的竞争，为企业战略目标的实现提供必需的人力资源。人力资源规划是企业管理过程中不可缺少的重要环节，其重要作用主要表现在以下几个方面：

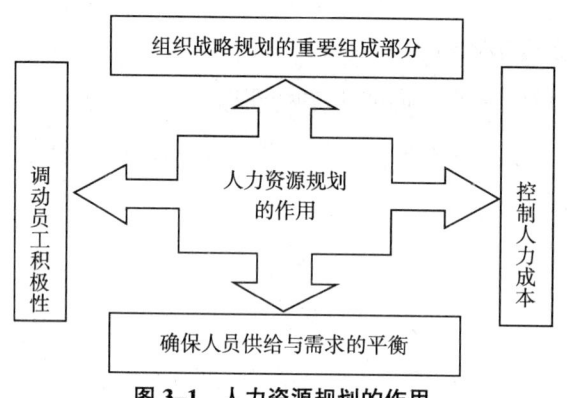

图 3-1 人力资源规划的作用

（一）人力资源规划是组织战略规划的重要组成部分

人力资源规划是组织发展战略的重要组成部分之一，同时也是实现组织战略目标的重要保证。任何企业都离不开人力资源这一最重要的资源。企业需要什么样的员工，在数量上和质量上有什么要求，如何获得所需的员工，如何进行培训、考核、确定薪酬等，都需要以人力资源规划为指导。人力资源规划是人力资源管理的基础和前提，为其他的人力资源管理活动提供了可靠的信息和依据，保证人力资源管理活动的顺利进行。

(二) 人力资源规划确保人员供给与需求的平衡

由于企业所面临的内外部环境不断变化,因此可能会出现人力资源需求和供给(内部)不平衡的情况。人力资源规划首先是对需求和供给(内部)之间的差距进行分析,然后采取各种措施调整这种差异,从而确保企业生存发展过程中对人力资源的需求。

(三) 人力资源规划有助于调动员工的积极性

人力资源管理既要实现组织目标也要满足员工的物质和精神需求,由此激发员工工作的积极性。人力资源规划通过合理的人员培训和岗位调配,能够充分发挥员工的潜能;通过薪酬规划、前景规划帮助员工树立目标,鼓励员工承担更多的责任,激发员工的工作热情。

(四) 人力资源规划有助于控制人力成本

人力资源规划有助于预测人力资源规划方案的实施成本和效益。合理的人力资源规划能够更精确地预测企业所需的人力资源需求数量,合理调整人员结构,从而帮助企业合理控制人力成本,提高企业人力资源管理效益。

【案例3-1】
华为:基于战略的人力资源规划

成立于1988年的深圳华为科技有限公司(以下简称华为),从一个默默无闻的小公司逐渐成为全球最大的电信网络提供商,以及全球第二大电信基站设备供应商。这些成功都与华为的战略性人力资源规划是密不可分的。

创业之初,华为仅仅只有十几个人,后来随着业务的扩展,员工人数增加到100多人。20世纪90年代中期以后,华为确定了公司的战略方向,即长期专注于通信网络从核心层到接入层整体解决方案的研究开发,同时以标准化的中间件形式向用户提供开放的业务平台,并关注宽带化、分组化、个人化的网络发展方向之后,华为的人力资源规划也开始有了战略方面的考虑。华为开始在全国高校招聘高素质的研究人才,并且为员工提供宽松的环境,鼓励员工创新。1998~2000年,华为平均每年增长3000~4000员工,居国内首位。1998年,中国科技大学毕业的400名研究生中,有将近90人进入华为;华中理工大学(现为华中科技大学)有近200人加入华为。到2001年,华为已有员工15000余人,其中85%具有本科以上学历,65%以上具有硕博士学位,员工平均年龄只有27岁。从人员结构来看,科研人员占40%,市场营销和服务人员占35%,生产人员占10%,管理及其他人员占15%(2001年统计数据)。

华为对人力资源的规划并非中规中矩,更多的是从企业的战略角度出发,将企业的人力资源规划与企业战略相结合,才能时刻为企业战略目标的实现提供坚实的人才基础。正是这一基于战略的人力资源规划,才为华为的发展奠定了雄厚的基础,同时也给竞争对手造成了巨大的压力。

资料来源:孙健敏.人力资源管理 [M].北京:科学出版社,2009.

四、人力资源规划与人力资源管理其他职能的关系

人力资源规划在组织的人力资源管理工作中发挥着重要的作用,而且它与人力资源管理其他职能之间的关系也十分密切。组织的人力资源规划是人力资源工作的目标,在人力资源规划的指引下,人力资源管理的各项工作才能有条不紊地进行。

(一)与员工聘用的关系

人力资源规划在某种意义上来说就是企业的招聘需求分析,因此,人力资源规划是企业招聘的依据。当预测的需求大于供给,而企业内部人力资源的供给无法满足这种需求时,就必须从外部招聘员工。当人力资源规划的需求小于企业内部供给时,就要根据实际情况解聘部分员工,从而避免组织臃肿的现象。

(二)与员工培训的关系

人力资源规划与员工培训的关系更多地体现在员工的质量方面。人力资源规划就是将企业员工放在合适的岗位上以发挥最大的效用,从而实现企业目标。因此,人力资源规划得到的岗位供需预测情况是培训需求确定的重要信息来源,

通过比较现有员工的质量与所需员工的质量，能够帮助企业制定合理有效的培训方案。

（三）与员工配置的关系

员工配置是指在招聘完成之后，企业内部进行的人员晋升、调动及降职等活动。在需求预测之后，企业就可以根据预测的人员需求状态和现有的人员状况制订相应的员工配置计划来调整人力资源的配置状况，实现人力资源效用的最大化。

（四）与绩效管理的关系

人力资源规划是企业进行员工绩效考核的重要依据。企业根据人力资源规划中对员工能力及绩效水平的要求，对现有员工的工作业绩、态度以及能力进行评价，从而对员工目前的工作状况作出判断，从而使企业的绩效考核结果更加科学、合理。

（五）与薪酬管理的关系

人力资源规划的结果可以作为企业制订薪酬计划的依据。需求预测考察了员工的数量和质量，企业可以根据这些信息，结合企业的薪酬政策以及外部的薪酬状况进行薪酬总额的预算，或者根据预先设定的薪酬总额调整薪酬的结构和水平，进行薪酬管理。

五、人力资源规划的制定原则

企业在制定人力资源规划时应该遵循以下原则：

（一）充分考虑企业内部与外部环境的变化

任何企业都面临着不断变化的内部和外部环境。内部环境变化主要是指企业发展战略的变化、产品的开发或更新换代、利润的变化、股东资本的变化以及员工的流动状况等；外部环境变化是指消费市场的变化、所处行业的变化、政府有关人力资源政策的变化、人才市场的供给变动情况、竞争对手的人力资源情况等。为了更好地应对企业内外部环境的变化，在人力资源规划中应该对可能出现的情况及时进行预测，并制订出相应的对策方案。在动态的环境中，人力资源规划的制定也应该是动态的，人力资源规划必须跟上环境及公司决策的变化步伐。

（二）确保企业的人力资源有保障

人力资源规划的核心问题是人力资源的保障。它包括人员的外部流入、流出预测、人员的内部流动预测、人员流动的损益分析、社会人力资源市场供给状况分析等。只有企业人力资源的供给得到满足，才有利于进行更深层次的人力资源管理与开发。因此，人力资源规划必须能够满足企业的人员需求。这也是企业进行人力资源规划所追求的终极目标，企业要平稳快速发展，充足的人力资源供给是非常重要的一个保障。

（三）使企业和员工都能获得长期利益

企业的人力资源规划不仅是面向企业的，同时也是面向员工的。在制定人力资源规划时，要保持满足企业需求和员工发展两者的均衡，即在满足企业需求的同时，为员工提供更多的发展空间。有效的人力资源规划能够使企业和员工双方共同获得长期利益和持续发展。

第二节 人力资源规划的程序

人力资源规划的流程是企业人力资源管理工作的战略性工程。

——佚名

人力资源规划的程序一般可分为以下几个步骤：资料收集、人力资源需求预测、人力资源供给预测、确定人力资源净需求、编制人力资源规划说明书、人力资源规划实施与评估、人力资源规划反馈与修正，具体操作流程如图3-2所示。

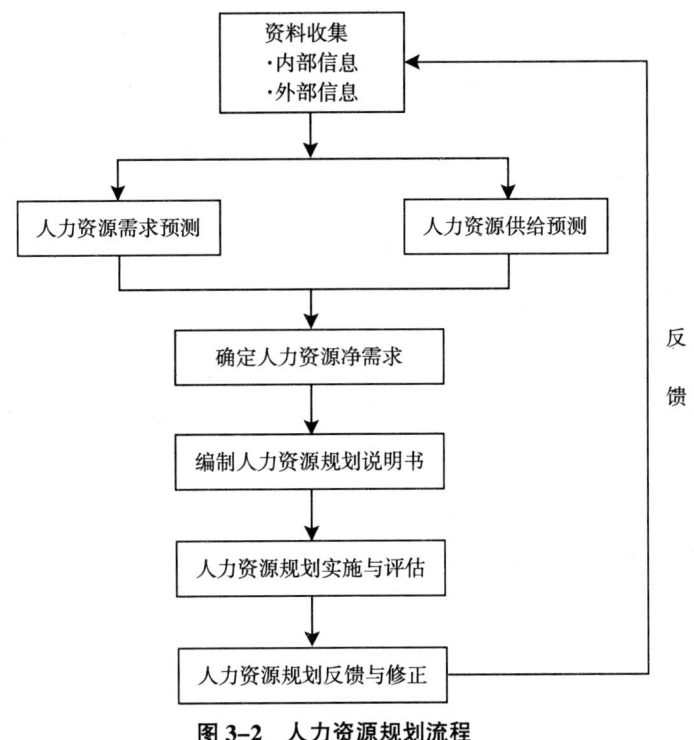

图3-2 人力资源规划流程

一、资料收集

人力资源规划的第一步就是资料收集,即收集所有与人力资源规划相关的内部和外部信息,从而为人力资源规划工作提供必要的信息支持。

(一) 内部信息

企业内部信息最能反映企业的人力资源状况,因而企业要重视对内部信息的收集与整理。企业的内部信息包括企业的战略计划、企业的组织环境以及企业现有的人力资源状况,如图3-3所示。

1. 战略计划

企业的战略计划是指导企业一切活动的纲领,也是企业的整体目标。人力资源规划必须与企业战略计划相结合,并通过人力资源规划支持和帮助企业实现战略目标。

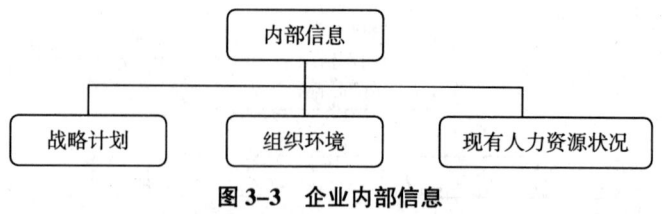

图 3-3 企业内部信息

2. 组织环境

企业的组织环境是指企业目前的组织架构、生产流程、管理体系等。组织环境会影响企业的人力资源规划，如当组织采用新的生产流程时，就需要掌握相关技术的人才保证新生产流程的顺利实施。所以企业在进行人力资源规划时，人员补充计划或培训开发计划中应该进行相应人才的招聘和培训。另外，组织的管理体系、薪酬水平、企业文化等也会影响组织的人力资源供给。

3. 现有人力资源状况

对企业现有人力资源状况的调查是这一阶段最为重要的工作。具体的调查内容包括人力资源的数量、质量、年龄、工作、职位、工作态度、价值观等。调查这些内容往往需要借助企业人力资源管理信息系统和职位说明书来进行。

（二）外部信息

企业所需搜集的外部环境信息主要包括宏观经济环境、行业发展状况、技术的发展情况、行业竞争现状、劳动力供给状况、人口与社会发展趋势、国家相关政策法规等。除了获取这些外部信息之外，企业还要重点考察这些因素对于人力资源供需预测的影响。

二、人力资源需求预测

人力资源需求预测是制定人力资源规划的重要环节，人力资源需求预测包括短期需求预测、长期需求预测、总体需求预测以及各个岗位的需求预测。同时，需求预测分为两方面的内容：数量和质量（素质特点），既要了解需求的人数又要明确需要什么样的人。具体的预测方法将在本章第三节详细介绍。

三、人力资源供给预测

组织的人力资源供给包括内部供给和外部供给,因此,人力资源供给预测包括组织内部供给预测和外部供给预测。无论是预测组织内部供给还是组织外部供给,企业都要注意从数量和质量两个方面出发。由于外部供给是不确定的,因此企业供给预测通常侧重企业内部供给预测。具体的预测方法我们将在本章第四节详细介绍。

四、确定人力资源净需求

人力资源净需求的确定就是在企业人力资源需求与供给预测的基础上,将人力资源的预测情况与企业目前的人力资源数量、质量、结构等状况进行对比分析,最终确定企业各个岗位所需的人力资源净需求数。

五、编制人力资源规划说明书

在前面所做的各项工作的基础上,编制企业人力资源规划。人力资源规划包括总体规划和各项业务的具体计划,各项业务计划是在总体规划的基础上进行编制的,在编制的过程中应该注意各项业务计划与总体规划的目标和方向保持一致。

无论是总体规划还是具体计划,通常都包括规划的完成时间、规划所需达到的目标、现状分析、未来情况预测、规划的具体内容、规划的制定者及制定时间。编制人力资源规划这一步骤是对前四步的内容总结整理成统一的书面报告的形式,以便于实施。

六、人力资源规划实施与评估

人力资源规划最终要在方案执行阶段付诸实践。为了保证规划顺利实施，必须要有专人负责掌控人力资源规划方案的实施，并确保负责人拥有保证人力资源规划方案得以实现的权利和资源。对于实施进展的情况应该定期报告，以保证规划能够与环境、组织的目标保持一致。

在人力资源规划的实施过程中，要进行定期与不定期的评估。评估主要从如下三个方面进行：评估实施过程是否严格执行了本规划；在实施的过程中要不断评估人力资源规划本身的合理性；将实施的结果与人力资源规划进行比较，找出实际情况与计划目标之间的差距，指导以后的人力资源规划活动。

七、人力资源规划反馈与修正

人力资源规划得以实施和评价后，企业要尤其重视反馈和修正事项。人力资源规划评估结果出来后，应及时与相关部门进行反馈，进而对原规划的内容进行修正和更新，使其更符合企业的实际情况，从而更好地促进企业组织目标的实现。并且这些反馈和修正信息会对下一次人力资源规划工作带来至关重要的影响。

【案例 3-2】

信达公司的人力资源规划

信达公司是香港速递行业的领袖，也是全球性速递公司 LDG 在香港的子公司。目前，信达公司在官方文件递送市场上也居于领先地位，公司的利润和市场份额都保持了稳步增长。作为速递行业，人是公司的核心。信达之所以能取得如此大的成功，其最大的推动力就是公司的人力资源规划。信达公司的人力资源规划是一个非常综合和互动的过程，上至高级经理下到部门主管都会参与人力资源规划的全过程。信达公司的人力资源规划包括以下三个阶段：

第一阶段：制定公司战略计划。首先，市场部根据公司历史沿革、总部战略方向、市场环境以及公司目前的现状等提出公司的战略，并提交给由不同职能部门经理组成的高级管理小组。然后，高级管理小组的成员开始共同讨论企业战略对各职能部门的影响。这种头脑风暴式的讨论，可以最大限度地激发成员的想象力。讨论结束之后，紧接着就是一个持续两天的管理层会议，会议没有领导，大家轮流主持，会议将讨论由公司总部提出的企业战略中10个关键性的方面，各地子公司在制定自己的战略规划时要以此作为指南。

第二阶段：一系列的专门小组会议。专门小组会议的核心成员包括总经理、人力资源主管、人事经理、培训与发展经理、财务与行政主管以及首席会计师。各个部门的经理要向专门小组汇报本部门的人力规划（包括现有的和所需的人员数量、未来一年的人员结构）、培训计划、资本支出、IT设备计划。讨论资本支出和IT设备计划的原因是它们直接或间接地影响人力资源和培训资源的安排。

第三阶段：行动计划。行动计划的内容包括：各个部门所需的人数，加班时间，预计人员流动数，激励措施，培训计划。每个职能经理都要保留一份本部门的行动计划，总经理则掌握各个部门的行动计划。职能经理对行动计划的执行负有责任，绩效评估就以行动计划为基础，每季度和年底都要对行动计划的执行情况进行审核。

信达公司人力资源规划的过程中，所有部门共同参与，同时部门经理们在考虑部门时也顾及公司的整体情况，并且人力资源部门较早地介入战略规划的制定使人力资源规划与企业战略保持一致。

资料来源：谵新民.员工招聘成本收益分析[M].广州：广东经济出版社，2005.

第三节 人力资源需求预测

> 进行科学研究时，我一向比较重视对最终结果的预测。
>
> ——卢嘉锡

人力资源需求预测是指在一定时期内企业根据人力资源规划，运用一定方法和技术预测企业未来所需要的人力资源的数量、质量以及人员结构。这里所说的人力资源需求是指完全需求，即不考虑企业当前人力资源状况和人员变动情况下的需求。

企业的发展战略和经营规划、产品和服务的需求、职位的工作量、生产效率的变化等都会引起企业人力资源需求的变化，人力资源需求预测的方法包括定性预测和定量预测两类。

一、定性预测法

人力资源需求预测可采用的定性方法主要有主观判断法和德尔菲法。

（一）主观判断法

主观判断法是指由管理人员凭借自己以往的工作经验和直觉，根据组织最近几年人力资源的需求状况和对未来变数的推测对企业未来所需要的人力资源情况做出估计。采用这种方法时，一般先由各个部门的主管根据本部门未来业务量的变动情况，并结合主管的经验来预测本部门的人员需求，之后由企业高层管理者进行综合分析，确定最终的人力资源需求。

主观判断法完全依靠管理者的个人经验，因此预测的准确性很难得到保证。通常，这种方法主要用来预测短期的人力资源情况，适合于那些经营状况稳定、规模较小、员工流动性小、管理人员具备丰富经验的企业。但是不可否认的是，管理人员的主观判断法有时却是最有效且最准确的,当然这对管理人员的素质要求较高。

(二) 德尔菲法

德尔菲法是美国兰德公司开发的一种专家调查法。该方法是通过 3~4 轮匿名问卷的形式征求专家的意见,领导小组在将所有专家的意见进行汇总整理后,再反馈给专家,专家根据整理后的意见进一步修改自己的意见并阐述修改理由,如此反复进行,最终得到较为一致的意见。

德尔菲法吸收了专家的意见,而且由于它采取匿名的形式,有效地避免了专家决策时受其他人的干扰。但是,预测过程需要几轮的反馈,会耗费较多的时间和其他方面的投入。

【拓展阅读】

德尔菲法的实施注意事项

(1) 设置领导小组时,为了确保调查的正常进行,应该有高层管理人员的参与。

(2) 问卷的内容一定要符合预测目的并遵循问卷设计的基本原则。

(3) 专家的选择是德尔菲法最关键的部分。在进行人力资源预测时可以选择规划、人事、市场、销售、生产部门的经理以及外部专家,人数一般不少于 30 人,以保证问卷的返回率。

(4) 提供充分的材料和信息,帮助专家做出准确的判断。

概括来讲,定性预测法比较简单、适用范围广,但是受个人主观因素的影响比较大。因此,定性预测应该与定量预测相结合,以确保结果的准确性和客观性。

二、定量预测法

人力资源需求预测的定量方法主要有趋势预测法、比率预测法和回归分析法。

(一) 趋势预测法

趋势预测法是指根据过去几年的人员数量以及变动情况，分析未来的变化趋势并以此来预测企业在未来某一时期的人力资源需求量的一种方法。

趋势预测法的具体实施步骤是，首先收集企业在过去几年内人员数量及变动情况的相关数据，并根据这些数据作出变动图。然后，用统计学方法对得到的图形进行修正，最终得到一条平滑的曲线，这条曲线就表示企业未来人员数量的变化趋势。

这种方法是利用企业以往的数据推测未来的人力资源需求量状况，具有一定的可信度。但是，它只考虑了时间的变化，而假设其他的影响因素不变或者变化幅度一致。因此，趋势预测法也有一定的局限性，它主要适用于那些经营环境稳定的企业。

(二) 比率预测法

比率预测法又称工作负荷法。它是根据历史数据计算出每项工作单位时间的人均负荷量，然后根据未来要完成的工作总量计算出需要的人力资源数。使用该方法时，假定人均负荷量不变，即：

$$\frac{目前的业务量}{目前的人员数量} = \frac{未来的业务量}{未来人员需求量}$$

其中，目前的业务量、目前的人员数量以及未来的业务量都是可以获得的数据，因此，依据这一关系我们可以计算出未来人员需求量。

比率预测法是一种比较简单的定量预测方法，在一定程度上能够反映出企业未来的人员需求量，但是企业所面临的内部环境、外部环境都是不断变化的，而且变化的速度、幅度都在加大，很多因素影响着人员需求量，人员负荷量也难以保持不变。因此，这种方法对于那些业务简单、受环境影响较小的企业比较有效。

(三) 回归分析法

回归分析法是指通过相关资料的搜集，找出与人力资源需求预测相关的变量，然后建立回归方程，从而依据这些变量的变动以及与人力资源需求预测的关系来确定企业未来的人力资源需求量。

根据回归方程中变量的个数，可以将回归预测分为一元回归预测和多元回归预测。一元回归方程的变量只有一个，因此建立一元回归方程比较简单。多元回归预测考虑的因素比较多，准确性更高，但是建立方程时比较困难。这里我们只介绍一元回归方程，其基本公式为：

$$y = a + bx$$

$$a = \frac{\sum y}{n} - b\frac{\sum x}{n}$$

$$b = \frac{n(\sum xy) - (\sum x)(\sum y)}{n(\sum x^2) - (\sum x)^2}$$

回归分析法的详细内容可参考本套丛书的《管理科学思想与方法》第三章。

回归分析法依赖于企业以往的相关资料，而且大规模的数据样本能够使预测值更加准确。因此，成立时间不长的企业或是相关数据样本量太小的企业不适合采用这种预测方法。

【案例3-3】

某公司预测所需员工数

假定某公司过去8年人力资源情况如表3-2所示，并且公司发展稳定，没有大的变动。请用回归分析法预测此后的第三年、第六年所需的员工数。

表3-2　人力资源情况表

年份 x	1	2	3	4	5	6	7	8
人数 y	480	500	470	500	520	550	570	600

根据表格数据及回归预测法的基本公式，可知：

$\sum x = 36$　　$\sum y = 4190$　　$\sum xy = 19580$　　$\sum x^2 = 204$　　$(\sum x)^2 = 1296$

$$b = \frac{n(\sum xy) - (\sum x)(\sum y)}{n(\sum x^2) - (\sum x)^2} = 17.26$$

$$a = \frac{\sum y}{n} - b\frac{\sum x}{n} = 446.08$$

因此，第三年所需员工数为：

$y = a + bx = 446.08 + 17.26 \times (8+3) = 635.94 \approx 636$（人）

第六年所需员工数为：

$y = a + bx = 446.08 + 17.26 \times (8+6) = 687.72 \approx 688$（人）

资料来源：曾峣. 人力资源管理［M］. 上海：立信会计出版社，2007.

第四节　人力资源供给预测

事前的预测犹如裁缝手里的标尺，可以让你做到量体裁衣。

——佚名

人力资源供给预测是指对人力资源市场里在未来能够供给企业的人力资源的数量、质量以及人员结构进行测算估计。企业人力资源供给可来自内部或外部，因此，对人力资源供给的分析也就需要从两方面入手。相对于内部供给来说，企业对外部供给的可控性较差，因此，人力资源供给预测主要侧重于内部供给预测。

一、内部供给分析

内部供给分析包括以下三个方面：

（一）对现有人力资源的分析

人类自然属性的变化会影响到人力资源未来的供给，因此在预测人力资源的供给时，需要对现有的人力资源状况做出分析。一般而言，对现有人力资源的分析主要是基于年龄结构的分析，因为人力资源自身的变化大多与年龄相关。此外，还要对员工的性别、身体状况等进行分析。

（二）内部人员流动性分析

内部人员流动有两种情况：一是人员流出企业，造成企业人力资源供给减少；二是人员在企业内部流动，对于人员内部流动的分析应针对具体的部门、职位类别、职位层次或职位性质来进行。内部人员流动分析既要关注实际发生的人员流动，也要分析可能发生的潜在人员流动和现有人员在企业内部调换职位或轮岗的可能性，这有助于预测出企业潜在的内部供给。

（三）人员质量分析

人员质量的变动主要表现在生产效率变化的基础之上。分析人员质量包括分析当前和未来的表现，因为，员工的素质和能力不是一成不变的，他们会随着时间的推移而变化。如有些员工利用工作之余参加进修班，短期来看，他的能力可能没有得到明显的提升，但是从长期来看他的素质和能力可能会逐步提高。这就需要人力资源管理人员密切关注员工的变化和发展动向，对人员质量作出正确的评估。

二、外部供给分析

当组织内部的人力资源供给无法满足需求时，就要将目光转向外部招聘。虽然外部供给分析很难非常准确，但是这种分析还是十分必要的，至少它能为企业提供一个外部供给情况的整体概况。

对外部供给的分析主要是通过对影响外部供给的因素进行分析，从而预测出外部供给的有效性和变化趋势。影响外部供给的因素主要有劳动人口的增长趋势、社会对相关专业人员的需求程度、各类学校毕业生的规模与结构、国家相关的就业政策和法规等。

外部供给分析在有些时候会起到战略性的作用，如对竞争对手的人力资源状况的分析、相关就业法规、政策等，对企业战略的制定有重要的影响。

三、人力资源供给预测的方法

由于外部供给的不可控性，人力资源供给预测的方法主要是针对内部供给预测而言的，预测的方法主要有人力资源盘点、技能清单、人员替换、马尔科夫预测法等。

（一）人力资源盘点

人力资源盘点主要是对企业现有的内部人力资源的数量、质量、结构进行核查，以便确切掌握人力资源的供给量以及使用情况。通过对组织内部人员情况进行分析，人力资源部门也可以预测组织内部人力资源的供给情况。

人力资源盘点的工作量相当大，当企业规模较大、结构复杂时，使用这种方法的成本较高，而且由于这种方法是对当前状态的调查，不能反映未来的变化趋势。所以，这种方法多用于短期的人力资源预测，而且适合于规模小、组织结构简单的企业。

（二）技能清单

技能清单是一个显示员工工作能力特征与工作潜力的清单列表，这些特征包括员工的工作经历、培训经历、技能与特长、持有的资格证书、个人职业规划以及工作能力评价等内容。表3-3是一个技能清单的示例。

技能清单主要用于晋升人员的确定、员工培训、对特殊项目的工作分配、职位调动的决策以及职业生涯规划等，也可用以预测潜在人力资源供给。企业通过技能清单能够对员工的教育背景、培训情况、技能水平、职业发展意愿等有进一步的了解,从而确定可以晋升或是进行职位调整的人员。

表3-3 技能清单

个人情况	姓名		性别		出生年月	
	职称		部门		填表日期	
教育背景	类别	学位		毕业日期	专业	主修课程
	大学					
	硕士					
	博士					
工作经历	工作单位		起止时间		职务	
培训背景	培训起止时间		培训机构		培训内容	
技能	技能种类			技能证书		
特长						
职业规划	是否愿意到其他部门工作			是		否
	是否愿意从事其他类型的工作			是		否
	是否愿意接受工作轮换			是		否
	最希望从事的工作					
	目前最需要培训的内容					

(三)人员替换

人员替换是在企业现有人力资源的状况评估的基础,对员工调动、晋升的可能性做出分析和判断,以此来预测企业潜在的内部供给情况。图3-4 表明了企业内部如何进行人员替换。

假设这是公司某个部门的组织结构图,该部门有 X、Y、Z、M、N 五个职位,分别由甲、乙、丙、丁、戊五个人来担任,在每个职位后面的方框中,上面一行记录了目前担任该职位的员工能够调动的岗位,以及适应新岗位的时间,下面一行记录了该员工可以晋升的职位以及适应所需要的时间。如对甲来讲,他如果调任到 A 职位,那么他完全适应新职位需要 0.5 年,即需要半年时间来适应新

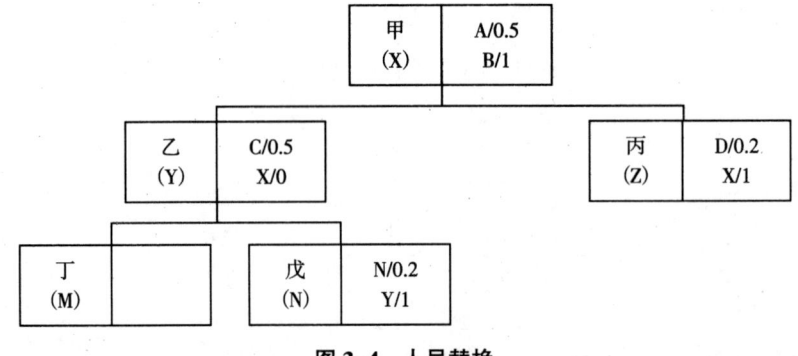

图 3-4 人员替换

工作；如果从事 B 工作，那么他需要花 1 年时间来适应新工作。

人员替代法能够较为准确地反映企业内部潜在的供给情况。但是，运用这种方法需要注意对企业内部员工的替换信息进行及时的更新和完善，从而保证预测的准确性。在图 3-4 中，丁不能替换到任何职位，但是如果他参加了相应的培训，就有可能胜任其他岗位，那么就要及时将这一信息反馈在人员替换图上。

（四）马尔科夫预测法

马尔科夫预测法是一种动态预测方法，主要在等时间间隔（一般 1 年）内来预测各个岗位上人员的动态变化情况。它的基本思想是根据以往人力资源流动的情况，发掘流动的规律，从而预测企业未来人力资源内部供给的情况。

马尔科夫矩阵的基本假定是：组织内部的人员流动模式和流动比率是有规律的。因此，如果根据历史数据能够掌握各类人员之间转移比率的概率（转移率），则可以根据转移矩阵和各类人员的具体人数以及外界补充的人数，预测未来某时刻各类人员的具体人数。

马尔科夫预测法是一种应用较广泛的定量预测方法，它为企业提供了一种理解人力资源流动形式的模型。但是，该方法中的人员转移率这一关键数据是依据企业的历史数据推测出来的。因此，预测结果的准确性会受到这一因素的影响，而且对于成立时间不长的公司来说由于数据有限，很难通过这种方法作出准确的预测。

【案例 3-4】
马尔科夫预测法的应用

假设某企业有四类岗位,从高到低依次是 A、B、C 和 D,各岗位的分布人数如表 3-4 所示:

表 3-4　人数分布表

岗位	A	B	C	D
人数	50	75	90	100

在预测时,首先需要确定各岗位的人员转移率,这一转移率可以表示为一个矩阵变动表,见表 3-5:

表 3-5　人员转移率矩阵表

	A	B	C	D	离职率合计
A	0.8				0.2
B	0.2	0.7			0.1
C		0.1	0.6	0.1	0.2
D			0.3	0.6	0.1

表 3-5 中的数字表示,在固定的时期内,岗位的人员转移率。例如,在任何一年内,A 类岗位的员工中有 80% 仍留在公司;B 类岗位的员工中有 90% 留在公司,但其中有 20% 转移到 A 类岗位,70% 留在原来的职位。计算时,将初期的人数与相应的转移率相乘,然后纵向相加,就得到每类岗位第二年的供给量。如表 3-6 所示。

表 3-6　第二年人数分布情况表

	初期人数	A	B	C	D	离职合计
A	50	40				10
B	75	15	53			7

续表

	初期人数	A	B	C	D	离职合计
C	90		9	54	9	18
D	100			30	60	10
预测供给量		55	62	84	69	45

由表3-6可以看出，在第二年中，A类岗位的供给量为55，B类岗位的供给量62，C类岗位的供给量为84，D类岗位的供给量为69，整个企业的供给量为270，将供给预测和需求预测进行比较，就可以得出企业在第二年的净需求情况。

资料来源：http://max.book118.com/html/2011/1224/893752.shtm。

本章小结

本章主要介绍人力资源规划。通过规划，组织确定哪些岗位需要补充人员，也为招聘、培训等其他人力资源工作提供了依据。

企业进行人力资源规划需要按照一定的程序，一般要经过资料收集、人力资源需求预测、人力资源供给预测、确定人力资源净需求、编制人力资源规划说明书、人力资源规划实施与评估、人力资源规划反馈与修正七个环节。

人力资源需求预测的方法分为定性预测和定量预测两大类。定性方法有主观判断法、德尔菲法；定量的方法主要包括趋势预测法、比率预测法和回归分析法。每种预测方法都有使用的条件和优缺点，为了保证预测的准确性，应将多种预测方法相结合。人力资源供给包括内部供给和外部供给，为确定企业人员净需求量，需要预测企业内部的人力资源供给，预测方法有人力资源盘点、技能清单、人员替换、马尔科夫预测法等。

第四章　招聘与录用

开篇案例

上海通用汽车（SGM）的"九大门槛"

上海通用汽车有限公司（SGM）是上海汽车工业（集团）总公司和美国通用汽车公司合资建立的轿车生产企业，是迄今为止我国最大的中美合资企业之一。和美国总公司一样，SGM 对人才的选拔也是十分严格的。SGM 对应聘者设立了九大门槛，如图 4-1 所示。

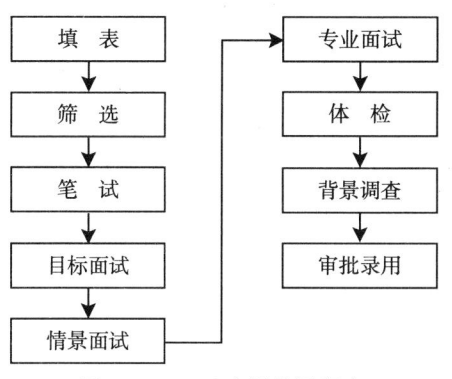

图 4-1　SGM 人员录用程序

SGM 的整个招聘过程完全按标准化、程序化的模式进行。凡是想成为 SGM 员工的每一位求职者都要经历这几大流程，并且是其中的佼佼者。其中笔试主要测试应聘者的专业知识、相关知识、特殊能力和职业倾向；目标面试则由专业咨询机构培训的评估人员与应聘者进行面对面的问答式讨论，核查登记表的信息是否属实,并进一步获取信息,其中专业面试则由用人部门完成;情景面试是根据应聘者可能担任的职务,编制一套与该职务实际情况相仿的测试项目,将被测试者安排在模拟的、逼真的工作环境中,要求被测试者能够自如地处理可能出现的各种问题,如通过无领导小组讨论的两小组合作完成练习,观察应聘者的领导能力、领导欲望、组织能力、主动性、说服能力、口头表达能力、自信程度、沟通能力、人际交往能力等。SGM还把情景模拟推广到了对技术工人的选拔上,如通过齿轮的装配练习,来评估应聘者的动作灵巧性、质量意识、操作的条理性及行为习惯。在实际操作过程中,观察应聘者的各种行为能力,孰优孰劣,泾渭分明;专业测试主要是测试需要专门技能的岗位,以考察求职者是否能够胜任专门工作。

只有通过这9大"门槛",求职者才能顺利进入SGM。之所以SGM要设置如此复杂的招聘流程,主要是因为SGM对人才的渴求,人员招聘是为企业提供新鲜血液,储备人才的重要方式,只有招聘到合适的人才,企业的相关工作才能顺利开展。

资料来源:http://q.netcoc.com/www/portal/portal.php?id=1634。

【案例启示】 招聘是员工进入企业的第一道门槛,而对于企业来说,招聘到的员工的质量关系到企业未来的发展。上海通用汽车招聘的九大门槛,是保证员工质量的九大保障。

本章您将了解到:
- 招聘的概念、原则
- 招聘计划的主要内容
- 人员招聘的策略
- 内部招聘和外部招聘的渠道
- 人员甄选的程序、方法
- 人员录用及其配置

第一节　人员招聘概述

人能尽其才，地能尽其利，物能尽其用，货能畅其流。

——孙中山

一、招聘的概念

招聘是指企业根据人力资源规划和工作分析所确定的人力资源需求的数量与质量的要求，通过发布招募信息，科学地甄选企业获取所需的合适人选，并把他们安排到合适岗位的过程。

招聘主要包含了两个方面的内容：一是向应聘人员说明"工作是什么"；二是选择"最适合的人"。但是，实际工作当中的人力资源招聘是一个复杂、完整、连续的程序化操作过程，包括招募、甄选、评估以及录用等环节。

招聘是企业补充新鲜血液的主要渠道。通过招募、甄选和录用，企业可以获取所需的人力资源，并通过合理配置优化企业人才结构，实现企业的目标。

【案例 4-1】

鲶鱼效应

挪威渔民出海捕沙丁鱼，如果抵港时鱼仍活着，卖价要比死鱼高出许多倍。因此，渔民们想方设法让鱼活着返港，但种种努力都失败了，只有一艘渔船却总是带着活鱼回到港内，收入丰厚，但原因一直未明。直到这艘船的船长死去，人们才揭开了谜底。原来这艘船捕了沙丁鱼，在返港之前，每次都要在鱼槽里放一只鲶鱼。放鲶鱼有什么用呢？原来鲶鱼进入鱼槽后由于环境陌生，自然会四处游动,到处挑起摩擦,而大量的沙丁鱼发现多了一个"异己分子",自然也会紧张起来,加速游动,这样一来就一条条活蹦乱跳地回到了渔港。

这就是著名的"鲶鱼效应",招聘到的新员工会激发现有员工的活力,产生"鲶鱼效应"。当然不是所有的企业都需要鲶鱼式的人物,企业应根据具体情况选择合适的人才。

资料来源:http://baike.baidu.com/view/40978.htm.

二、招聘的原则

招聘工作是人力资源管理部门的重要职责,也是企业重要的工作之一,在进行人员招聘的过程中,应该遵循以下原则:

(一) 公开公平原则

企业应把招聘的职位种类、数量、任职资格、条件以及应聘的方法、时间等公开。这样,一方面能够吸引众多的应聘者,达到广揽人才的目的;另一方面也将招聘工作置于企业内外的监督之下,为所有的应聘者提供公平的竞争机会。唯有如此,企业才能招聘到真正需要的人员。

(二) 竞争上岗原则

公平的竞争能够使真正的人才脱颖而出,并且可以对员工起到一定的激励作用。为了达到竞争的目的,一要吸引众多的应聘者,二要严格甄选程序,采用科学的手段进行考核、筛选,减少甄选工作中的主观随意性。通过激烈而公平的竞争方式,确定岗位所需的最佳人选。

(三) 因事择人原则

所谓因事择人,就是以企业的需要、职位的空缺为基础,根据职位对任职者的素质和能力的要求来甄选人才。企业所录用的对象不一定是最优秀的,但一定是最适合某项工作的。招聘时要量才录用,做到人尽其才、人事相宜,尽量避免大材小用,造成资源的浪费。

(四)用人所长原则

俗话说:"金无足赤,人无完人。"用人所长,就是指在招聘选拔工作中,要克服求全责备的思想,树立看人所长、发现优点的观念。所以,企业在招聘时考察的重点在于了解应聘者的资格和条件是否符合空缺岗位的要求,能力和特长是否能在该岗位上发挥最大的作用。

(五)宁缺毋滥原则

企业在招聘员工时一定要遵循"宁缺毋滥"的理念。错误的招聘给企业带来的麻烦或损失往往是难以估计的,因此招聘决策一定要谨慎。宁愿某一个岗位暂时空缺,也不要安排不适合的人员。

三、招聘的成本

美国钢铁大王安德鲁·卡内基说:"密切注意成本,你就不用担心利润。"企业的一切活动都会产生成本,在利润空间不断被压缩的今天,控制成本成为很多企业制胜的法宝。因此,控制成本的意识应该存在于一切活动中。

招聘成本可以分为显性成本和隐性成本。显性成本主要指招聘时发生的费用,如宣传费、场地费用、安置费等。隐性成本主要指机会成本。当企业招聘的人不适合企业的要求时,企业不仅丧失了一次选择合适人才的机会,而且当该员工进入企业后,对企业产生的负面效应可能是很大的。因此,招聘应该制订周密的招聘计划,选择科学的甄选方法,降低招聘成本。

【拓展阅读】

招聘的替代方法

(1)加班加点,是满足短时间工作量加大需要最常用的方法。加班加点可能给企业和员工带来很多利益,比如,企业可以节省招聘、甄选和培训的开销,员工也可以获得额外的报酬。但也可能产生不利的影响,如员工满意度下降等。

（2）应急工，常分为兼职工、临时工和独立签约人。兼职工比较适合那些工作量变化不大的工作。临时工通常通过临时工介绍机构介绍。独立签约人涉及与个人签订服务合同，其中要明确工作时间期限、任务和职责、报酬以及雇主对其表现的要求等内容。

第二节　招聘计划和招聘策略

计划的制订比计划本身更为重要。

——戴尔·麦康基

一、人力资源招聘计划

企业的招聘受到很多因素的影响，如国家就业政策、国家相关的法律法规、劳动力市场供给等外部因素，以及岗位要求、应聘者的个人素质和偏好等，因此在制定人力资源招聘计划时要充分考虑到这些因素的影响作用。招聘计划的主要内容包括以下几方面：

（一）确定招聘需求

人力资源招聘需求一般由以下几种情况产生：企业新成立、企业业务扩大、现有职位因某些原因发生空缺、对员工队伍进行调整等。招聘需求通常由用人部门根据长期或短期的实际工作需要提出。人力资源管理部门需要根据企业统一的人力资源规划，准确地把握企业对各类人力资源的需求信息，确定招聘的质量（素质特点）和数量。

（二）确定招聘人数

招聘计划应确定招聘录用的具体人数。为确保企业人力资源结构的合理性，各年度的招聘录用人数应保持大体均衡。录用人数的确定，还要兼顾到录用后员工的配置、培训、上岗、晋升等问题。此外，要根据以往的招聘经验，确定为了达到规定录用率至少应吸引多少人员前来应聘。

（三）估算招聘时间

有效的招聘计划应该明确最佳的招聘时间和预估从候选人应聘到录用之间的时间间隔。如校园招聘一般集中在每年的10月至来年的3月，这个时间段是学生应聘的高峰期。如果企业在其他的时间段来招聘学生，那么选择的空间则会大大缩减，自然录用到合适人才的概率就会小很多。因此，企业必须根据劳动力市场的供给情况来估算招聘时间。另外，有效地预测从应聘到录用之间的时间段对人员的招聘也有着十分重要的影响。如果这个时间间隔很长，那么应聘者会因所承担的机会成本太大而放弃等待，转而投向另一家企业。

（四）确定招聘标准

员工招聘标准主要是从"人岗匹配"这一原则来确定的。一般的员工招聘标准往往会考察应聘者与应聘岗位相关的知识背景、工作技能、工作经验、个性品质、身体素质等方面的情况。除了从岗位出发之外，还有一些企业会考察应聘者的信念、价值观等与企业文化的匹配度。值得注意的是，合适的招聘标准是成功录用人才的关键。过高或过低的人力资源招聘标准对企业的长远发展和市场核心竞争力的获得或提升会产生不利的影响。另外，招聘标准不能违反国家相关政策法规，避免法律纠纷。

（五）确定招聘渠道

招聘渠道是指企业招聘员工所采用的各种渠道，如内部招聘、网络招聘、校园招聘等。企业应从招聘成本及招聘完成所需要的时间两个方面，对各种招聘渠道进行评估，选择那些速度快、所需成本低的方式。一般来讲，招聘费用最高的是通过猎头公司获取所需人才，这种方式针对性强，速度较快，在企业招聘高级管理人才或是特殊技能的员工时比较适用；而一般的人力资源招聘可通过招聘广告、职业介绍所、举办招聘会等方式进行。本章第三节对招聘渠道做了详细的介绍。

（六）确定甄选方法

根据所招聘的职位，选择适当的甄选方法。一般的甄选过程包括简历筛选、笔试、面试等几个阶段。随着互联网的迅速普及与发展，大多数企业要求应聘者首先在网上申请职位即网申，然后通过计算机进行初步筛选，这样减低了企业招聘的人力成本。只有通过了网申的应聘者才可以进入下面的环节：笔试和面试。笔试主要考察应聘者的专业知识和思维能力，而面试主要考察应聘者的综合能力和临场应变能力。面试方法将在本章第四节做详细介绍。

（七）估算招聘成本

估算招聘成本主要是指显性成本。招聘费用一般包括人事费用，即招聘人员的工资、福利及加班费；业务费用，如电话通信费、邮资费用、信息服务费、招聘广告费等；一般管理费用，如租用临时场地、设备、办公设施等的费用。

二、人力资源招聘策略

招聘策略是人力资源规划的具体体现，也是为了实现人力资源的配置而采取的具体措施。招聘策略分为长期策略和短期策略。

（一）长期策略

长期策略主要包括两种措施：①与高校建立联系，制定实习方案与高校招聘方案，吸引优秀的学生到公司实习，为以后的招聘打下基础；②建立人才信息库，这是目前新兴的长期人才招聘策略。国内的一些大公司，比如海尔集团，已经在自己的企业网站上建立了人才信息库。

（二）短期策略

短期策略包括招聘的宣传策略、招聘时间与地点的选择、招聘信息发布渠道的选择、招聘渠道与方法的选择、测评方法的选择等。企业必须在短期策略的基础上，制定招聘的长期策略，建立人才储备库，保证企业在需要的时候能够及时地找到合适的人选。

【案例 4-2】
丰田公司的全面招聘体系流程

丰田公司提出的看板和全面质量管理成为国内外企业学习的典范,但是很少有人知道,丰田的另一项行之有效的措施——全面招聘体系。和所有企业一样,丰田公司招聘的最终目的都是为了招聘最优秀的员工,实现公司的目标。为此,丰田开创了自己独特的招聘模式——全面招聘体系。该体系大致分为6大步骤:

第一步是初步甄选。丰田会聘请专门的职业招聘机构,对求职者进行初步筛选。求职者一般会观看丰田的一些影像资料,包括企业发展历程、企业文化、企业内部环境、工作内容以及公司招聘流程等等,随后递交简历。然后,专业机构将会对求职者的简历进行筛选。

第二步是评估。求职者需要进行基本能力和职业倾向的心理测试,以评估求职者的工作潜能和职业兴趣爱好。如果是技术职位的求职者,丰田还要求进行6个小时的实际操作。经过第一、二步,合格的求职者的资料会全部转入丰田公司。

第三步是丰田内部的招聘流程。这一步骤主要是评估求职者的人际交往和决策能力。求职者会以小组的形式参加公司评估中心4小时的小组讨论,讨论过程中,丰田人力资源部招聘专家会密切地关注每位求职者的反应。除此之外,求职者还要参加5小时的实际汽车生产线的模拟操作。

第四步是求职者要参加一个1小时的集体讨论,主要向招聘专家谈论自己取得过的成就,帮助丰田更加全面地了解求职者的兴趣和爱好,从而更好地做出工作岗位安排和职业生涯规划。在此阶段也可以进一步了解员工的小组互动能力。

上述几大步骤结束后,求职者基本已被丰田录用。接下来求职者将参加第五步即全面身体检查和第六步即6个月的潜能评估。丰田的全面招聘体系使我们理解了如何把招聘工作与未来员工的工作表现紧密结合起来,从而招聘到与企业相适应的最优秀的员工。

资料来源:http://www.b2cedu.com/zhiye/200805/zhiye_302064.shtml。

第三节　招聘渠道

用不同的形式吸引的人不同，就像用花朵可以吸引到蜜蜂，而火光可以吸引到飞蛾。选择正确的渠道可以吸引到合适的人。

——佚名

如今，企业可以从各种不同的渠道招聘所需的员工，随着技术的发展和网络的普及，招聘的形式也愈加丰富。总体来看，招聘渠道可以分为两大类，即内部招聘和外部招聘，每一种类型又有多种不同的形式。本节将介绍一些主要的招聘形式。

一、内部招聘

内部招聘就是从企业内部选拔合适的人才来补充空缺或新增的职位。在进行人力资源招聘时，企业内部调整应先于企业外部招聘，尤其对高级职位和重要职位的选聘工作更应如此。过去，人们通常认为从社会各界甚至全球优选首席执行官是最好的办法，然而，美国的柯林斯在其所著的畅销书《基业长青》中批判了这个观点，他指出，很多优秀的首席执行官都是从组织内部培养、提拔起来的。有调查表明，世界500强企业中，85%以上的管理职位是由企业内部提拔起来的人员担任。

通过内部招聘选拔合适的人才，可以有效地激发企业员工的工作积极性，同时也缩短了员工对新环境、新岗位的适应时间，减少了招聘、录用以及培训的人力、物力、财力支出。内部招聘的方式主要包括内部晋升、工作轮换、工作投标和主管推荐等。

(一) 内部晋升

人力资源管理部门首先要建立一套完整的岗位体系，明确不同岗位的关键职责、岗位级别、岗位之间的晋升关系。其次，根据员工的绩效表现建立职业生涯管理体系并结合员工职业发展愿望，建立员工职业生涯发展档案来帮助员工进行职业生涯发展规划，并且为业绩优秀、具有发展潜力的员工提供晋升机会。

内部晋升为员工提供了发展的路径，有利于企业建立稳定的员工队伍，但内部晋升也存在一些弊端，比如有可能造成"近亲繁殖"。另外，由于晋升机会有限，也有可能导致未能晋升的优秀员工产生不满情绪甚至离职，致使企业人才流失。因此，采取内部晋升的方式时，要充分考虑可能产生的不良影响，并尽量避免由此造成的损失。

(二) 工作轮换

工作轮换和内部晋升一样，都是建立在有序的岗位体系基础上的内部职位空缺补充方法。根据员工的发展愿望和发展可能性进行有序的岗位轮换，为员工提供从事多种工作的机会，并且为员工的发展或提升做好准备。

这种方式更多地用于企业提拔中层管理人员，当然也可以用于一般员工的培养，让有潜力的员工从事多项工作，可以积累多方面的经验，同时减少员工长期从事单一工作而带来的枯燥与无聊。

(三) 工作投标

当现有工作岗位出现空缺时，企业可以通过布告栏、内部报刊、内部网站等渠道向员工发布招聘信息。这被称为工作告示，其内容包括空缺职位的工作说明书中所列示的工作性质、职责、所要求的资历条件、薪酬情况、直接上司、工作时间等情况。所有具备资格的员工都可以投标自荐，然后由人力资源管理部门负责统一安排用人部门对申请人进行测评。

工作投标法通常用于非管理人员的招聘，其优点在于能让员工感觉到企业在人员招聘方面的透明度，为员工的发展提供了更多的机会，激发员工的工作积极性。但是，采用这种方法可能引发员工之间的冲突，而且工作的变化可能给员工带来不适感。

（四）主管推荐

主管推荐，也是一种常用的内部招聘方法。它是指当企业中出现职位空缺的时候，由本单位的主管人员根据员工的能力及工作表现推荐合适的候选人，然后由上级部门和人力资源部门对被推荐者进行考核，从而确定最终人选。

主管对于所推荐的员工是比较了解的，因此他们推荐的人一般都能够胜任工作，而且被推荐者对本单位的工作较为熟悉，能够很快适应新的工作。但是内部推荐法的主观性比较强，而且人们往往会推荐和自己关系好的人，而不一定是最能胜任工作的人。

二、外部招聘

外部招聘是企业重要的招聘渠道。当企业没有合适的内部应聘者，或者内部人力资源不能满足所需招聘的人数时，就需要从企业外部进行人员招聘。通过外部招聘，企业可以填补空缺岗位，获得现有员工不具备的技术，获得能够提供新思想的并具有不同背景的员工，为企业注入新的活力。

外部招聘渠道广阔，可选择的范围大，企业通常采用以下几种渠道和方法：

（一）广告招聘

广告是最常用、最简单、信息传播最广的招聘手段。广告招聘是指利用报纸、电视、杂志、广播等作为招聘信息传递的平台，以最大限度地宣传企业招聘信息，从而吸引求职者。

利用广告招聘的方式，首先要设计好广告的内容。一般来说，广告内容应包括公司简介、招聘岗位和数量、工作职责、专业和经验要求、应聘材料、工作地点、联系方式和截止日期等。其次，要选择好广告媒体。广告媒体包括报纸、杂志、电视、广播、户外公告栏等。在选择广告媒体时，要注意比较各种媒体的优缺点以及适用场合，根据企业的实际需要和自身经济实力，有针对性地选择一种或者几种媒体的组合。

广告招聘的影响范围广，传播速度快，有广泛的宣传效果。但是，广告招聘的效率较低，因为招聘信息不一定能及时传达到合适的候选人那里，而且广告费用通常也比较高。

【案例4-3】

招聘广告案例

宝钢集团管理培训生项目是我们于2012年开始首次为国内顶尖院校优秀毕业生量身定制的职业发展计划，旨在通过5年时间，将最具潜力的毕业生快速培养成宝钢未来的管理精英。在这里，你将获得：

跨行业经营体验——至少在两大独立产业板块的工作历练；

国际化成长平台——至少6个月的海外工作历练；

管理者实战锤炼——成为团队管理者并独立承担重要项目；

精英层对话窗口——大师级领导力培训，与公司高层互动交流；

最为关键的是——极具竞争力的薪酬待遇福利！

【面向对象】

有志于成为宝钢集团管理培训生的2013届应届毕业生，不限专业。

【应聘流程】

简历投递截止时间：2012年6月30日

首轮面试时间：2012年8月13~17日（地点：北京、上海，可自由选择）

【收获】

这是获取宝钢集团2013届管理培训生入场券的唯一机会；

这是一次亲身感受、深入了解、全面体验宝钢的最佳时机；

这是一次积累职场经验、提升实战能力、加深自我认知的成长之旅。

资料来源：http://www.yingjiesheng.com/job-001-367-479.html。

（二）网络招聘

网络招聘也被称为电子招聘，随着互联网技术的不断发展，网上求职已经成为目前广为使用的一种招聘渠道。它是指企业通过网络渠道来获得应聘人员的资料，从而选拔合适员工的方式。目前，企业通过两种方式进行网络招聘，一种方式是在本企业网站上建立一个招聘渠道，由企业自己进行求职者资料的获取和筛选；另一种方式是在专业的招聘网站上发布招聘信息，从而获取应聘者的资料，再由企业对应聘者进行选拔、测评和录用。下面列举的是一些常见的招聘网站（见图4-2）。

智联招聘　http://www.zhaopin.com

前程无忧　http://www.51job.com

应届生求职网　http://www.yingjiesheng.com

中国人才热线　http://www.cjol.com

中华英才网　http://www.china-hr.com

中国国家人才网　http://www.newjobs.com.cn

图4-2　一些常见的招聘网站

网络招聘大大提高了应聘者和招聘单位的工作效率，降低了招聘成本。但是，网络招聘的弊端也日益暴露出来，比如简历的可信度低、信息量过大、针对性不强等。因此，网络招聘仍然具有一定的局限性。

（三）职业中介机构

随着人才流动速度的加快，人才交流中心、职业介绍所、劳动力就业中心等职业中介机构应运而生。这些机构一方面为企业选人，同时也帮助求职者择业。职业中介机构联系面广、掌握的信息多，通过定期或不定期举行人才交流会等方式，使供需双方增进彼此的了解，缩短了招聘的时间。

此外，当企业急需人才，但又受时间或自身资源的限制时，一些企业选择把招聘外包给职业中介机构，这些机构通常负责筛选简历和第一轮面试（能力面试或情景面试）的工作。一些专业的招聘网站也有相关业务，如中华英才网、智联招聘等。

企业在选择职业中介机构这种招聘形式时，一定要注意选择信誉较好的机构。在利用职业中介机构进行招聘时必须注意：①向职业中介机构提供一份精确而完整的招聘岗位的工作说明书；②限定职业中介机构对应聘者的筛选程序和工具；③定期审阅那些被接受或被否决的应聘者的材料；④最好与一家到两家职业中介机构建立长期合作关系。

职业中介的作用简化了企业的招聘工作，节省了招聘的时间成本，职业中介机构为企业招聘提供了更大的选择余地，招聘针对性强、成本低，但是通过这种方式很难招聘到高级人才。

（四）校园招聘

校园招聘的对象是应届毕业生，主要通过校园宣讲会或招聘会的形式进行。校园招聘是企业常用的招聘方式之一。企业可以从中找到具有较高素质的人才，同时应届毕业生具有较强的可塑性，可以与企业文化更好地融合。但是，校园招聘通常具有很长的人才培养周期，企业投入比较大，所以在经济环境不是很好的情况下，很多企业会放弃这种招聘方式。

为了保证校园招聘的效果，企业应根据自身的发展目标和任务，做好人力资源需求计划，预测几年内的人力资源需求情况，也可以通过委托培养、提供实习机会等方式来培养在校学生，作为日后的招聘对象。此外，企业还要精心选择学校，经常和这些学校保持密切联系，掌握专业设置和毕业生的情况，选择最适合本企业的人才。校园招聘流程一般为：宣讲会—投递简历—筛选简历—笔试—面试—体检—录用。表4-1为校园招聘面谈记录表。

表4-1　招募面谈记录表

姓名：	学校：		时间：		地点：		
将取得的学位及日期：				专业：			
已取得的学位及日期：				专业：			
申请职位：1.		2.		3.			
工作地点：1.		2.		3.			
考察因素				评分			
仪表言谈——外表、态度、言谈举止、语调、音色				1.	2.	3.	4.	5.
机智——反应灵敏、表达充分				1.	2.	3.	4.	5.
独立性——独立思考能力、情感成熟、影响他人				1.	2.	3.	4.	5.
激励方向——兴趣与职位相符、进取心、激励可能性				1.	2.	3.	4.	5.
教育——所学习的课程与工作的匹配程度				1.	2.	3.	4.	5.
工作经验——以前工作经验对职位的价值				1.	2.	3.	4.	5.
家庭背景——家庭环境对工作的积极意义				1.	2.	3.	4.	5.
面谈考官评语：			总分：				
面谈考官签字：	职称：			日期：			

资料来源：张一弛.人力资源管理教程［M］.北京：北京大学出版社，1999.

校园招聘的优点主要体现在：应届毕业生的可塑性强、综合素质较高；通过校园招聘能够获得具有专业知识背景的员工；招聘成本较低；招聘的同时也扩大了企业的影响力，有助于企业自身的宣传。但是，应届毕业生缺乏实际工作经验，进入企业之后需要一段时间的培训才能胜任工作；而且他们往往对工作的期望值很高，所以在工作的前几年流失率较高。

【案例4-4】

宝洁公司的校园招聘程序

宝洁公司在华招聘时将目光锁定在重点大学的优秀应届毕业生上。宝洁公司的校园招聘程序如下所示：

1. 前期的广告宣传。

2. 邀请大学生参加其校园招聘介绍会。

公司高级经理现场介绍招聘相关内容,包括职业发展机会、工资福利、部门职能、求职者所需技能素质等,并现场答疑。

3. 网上申请。

求职者需要在宝洁指定的页面进行网上职位申请,网申主要包括求职者的基本资料,以及主观问题的回答。

4. 笔试。

笔试主要包括3部分:解难能力测试、英文测试、专业技能测试。

5. 面试。

面试官至少为3人,都是公司各部门的高级经理。

6. 发出录用通知。

资料来源:http://wenku.baidu.com/view/826295d080eb6294dd886c71.html。

(五) 猎头公司

猎头公司常被用来搜寻理想的高级管理人才。猎头公司的联系面很广,掌握着大量的有经验、具有杰出才能的人才信息,能够为企业提供高级管理人才和尖端技术人员。

猎头公司在供需匹配上比较慎重,成功率较高,但收费也很高。无论企业最终是否聘用猎头公司所提供的候选人,均需支付相应的费用,一般为所推荐的人员年薪的1/3左右。因此,并不是所有的企业都适合采用这种招聘方式。

【案例4-5】

中华英才网猎头服务流程

中华英才网猎头服务流程为:需求分析—市场调研—人才猎寻—客户选才—背景调查—人才上岗。

(1) 需求分析,与客户紧密沟通,全面理解客户的组织分化、产品战略及管理,协助客户完善招聘策略。

(2) 市场调研,反复确认职位标准,确定目标公司,调查目标候选人现状。

(3) 人才猎寻,对锁定的候选人进行全面测试和评估,有选择地向客户推荐候选人。

(4) 客户选才,帮助候选人准确理解客户和职位,协助双方达成共识。

(5) 背景调查,对候选人的情况进行深入了解,尤其了解候选人的能力个性、职业操守和业绩记录。

(6) 人才上岗,对上岗候选人及客户满意情况进行跟踪,为不断改进服务做积累。

资料来源:http://vip.chinahr.com/product/solution/hunter.asp。

三、招聘渠道的选择

总体上来讲,内部招聘能够提高员工的工作积极性;内部员工对组织情况比较了解,能够较快适应工作岗位;招聘的成本比较低。但是,内部招聘容易造成"近亲繁殖",没有得到晋升机会的员工可能会产生消极情绪,企业缺乏创新氛围。外部招聘的优点在于:人才来源广,能为企业注入新鲜血液;缓解内部竞争者的紧张关系;激发内部员工的斗志;企业获得更多外部关注。缺点表现为:成本高、筛选难度大,员工需要较长时间才能适应工作等。

企业招聘通常是内部招聘与外部招聘相结合,根据各种招聘方法的优缺点进行权衡,同时要充分考虑企业自身的条件,如知名度、经营规模、业务内容、招聘规模、资金实力等具体问题。

第四节　人员甄选与录用

"适当"这两个字很要紧，适当的公司，适当的商店，招募适当的人才，70分的人才有时反而会更好。

——松下幸之助

在进行人员甄选时，企业需要通过一些甄选的措施来判断应聘者与企业工作的匹配程度，此时就涉及甄选方法的选择和使用等问题。

一、测试的基本概念

测试是企业选择合适员工的一种方式，但是企业在进行测试的时候应该选择具有较高效度和信度的测试题目。

（一）效度

企业需要通过一系列的测试来进行人员的甄选，但前提是所进行的测试是有效的，即测试具有一定的效度。测试效度就是说在测试之前必须清楚要测量什么。对于应聘者的甄选测试，效度通常是指所测试的内容与应聘者应聘岗位的相关程度，也就是说，应聘者测试过程中的表现能够成为日后考核其实际工作绩效的有效预测因子。

（1）效标效度，是通过预测分数与工作绩效相关来证明测试是有效的一种效度类型。如效标效度要证明，那些在测试中表现好的应聘者，在工作中表现也好；在测试中表现不好的，在工作中亦表现不好。

（2）内容效度，是指一项测试对工作内容的反映程度。它的基本程序是，从对工作绩效十分关键的工作行为角度界定工作内容，然后随机挑选一些任务和工作行为作为测试中的行为样本,对应聘者进行测试。

(二) 信度

信度是测试的第二个重要特征,它是指测试的一致性程度,也就是说用同样的测试或等值形式的测试对同一个人重复实施测试所得的分数的一致性。如果某位应聘者在周一的测试中得了 95 分,同样的测试在周四重测时只得了 60 分,那么说明这个测试是缺乏信度的。

衡量测试信度的方法有:再测估评和复本估评。再测估评是指在两个不同的时间点对同一个人实施同样的测试,比较两次测试的分数情况。复本估评是指在实施测试之后,再实施一个与前一个测试等值的测试,比较被测者的得分情况,如果两次测试的得分情况基本一致,则说明该测试是有信度的。

(三) 如何使测试有效

为了使甄选测试有效,必须确保测试分数与工作绩效相关。使测试有效的过程包括以下 5 个步骤:

1. 工作分析

有效的甄选测试必须建立在正确的工作分析之上。工作分析是确定完成各项工作所需技能、责任和知识的系统过程,它提供了相关工作内容以及承担工作的人所应具备的素质、能力等信息。职位说明书就是工作分析的结果,它涵盖了工作职责、工作内容、工作环境、工作方式和工作要求等方面的内容。因此,工作分析为确定胜任工作所必需的个人品质和技能等提供了依据。这些要求就是测试中的预测因子。

2. 选择测试内容

测试的内容直接影响着人员甄选的准确性。因此,要选择能够测量出胜任工作能力特征的测试。通常可以根据经验或以往的研究选择几个不同的测试构成测验组。这样做的目的是测量多种可能的预测因子,如应聘人员的进取性、外向型、推理能力等。值得注意的是,测试应该可信有效。

3. 实施测试

用步骤 2 中确定的测试标准对应聘者进行测试。有两种检验测试有效性的方法：一种是用所选择的测试标准对目前在岗的员工进行测试，然后比较其测试分数和目前的工作绩效，这称为同时验证法。同时验证法的优点在于绩效数据可即时获得，但是目前在岗员工可能不能代表新的应聘者的情况。另一种是预测有效化法，这种方法先对未雇用的候选人进行测试，然后利用现有选择技术来雇用这些候选人，而不是根据开发的新测试的实测结果来雇用。在这些被雇用者工作一段时间后，测量其工作绩效并与早先的测验分数相比较，然后就可以确定他们的测验分数能否用来预测他们的实际工作绩效。

4. 将测试分数与绩效联系起来

确定测试分数与绩效之间是否有显著关系。通常利用相关性分析来确定测试分数与工作绩效之间的统计关系。如果结果显示两者之间显著相关，那么表明该测试是有效的；相反，该测试是无效的。因此，只有在前期准备工作完备的情况下进行测试，才能确保测试的有效性。

5. 交叉验证与重新验证

在正式将测试投入使用之前，可以通过步骤 3 和步骤 4 进行交叉验证来检验测试，还可以请专家对测试进行重新验证。

二、人员甄选的程序

员工的甄选是企业招聘过程中最重要也是最复杂的环节。通常，企业的人员甄选程序如下：

第一步，简历筛选。通过应聘者填写的申请表和递交的个人简历，获取应聘人员基本信息，初步筛选出符合企业招聘要求的应聘者。

第二步，笔试。包括知识测试、能力测试、心理测试、诚信度测试、性格测试等。

第三步，面试。一般分几轮进行，通常是由人事主管对应聘者进行初次面试，确定进入第二轮面试的候选人；第二轮面试一般由求职者所应聘岗位的相应部门的主管和专家对应聘者进行专业知识和技能等方面的考评；第三轮面试大多是由企业的高层管理人员对应聘者的综合实力进行全面评估。

当然，并不是所有的企业都严格按照这样的程序进行，这里讲的是大多数企业人员甄选的一个基本程序，企业可以根据实际需要确定人员的甄选流程。

三、人员甄选方法

人员甄选的方法有很多种，企业常用的方法包括以下几种：

（一）申请表（简历）筛选

通过申请表或者简历来进行筛选是一种初始阶段的甄选，其目的是考察求职者的背景和基本情况是否满足公司的最低要求。申请表通常包括求职者过去的工作经历、受教育程度、培训情况、能力特长、职业兴趣等。但是，申请表一般不作为最终录用与否的依据。表 4-2 为工作申请表的范例。

表 4-2　工作申请表范例

拟申请职位			编号		
个人情况					
姓名		性别		出生年月	
联系电话			邮编		
通讯地址			E-mail		
教育状况					
起止时间	学校	专业		学历	证明人
工作经历					
起止时间	单位名称	职位		主要职责	证明人

续表

语言水平	语言水平及特长	
	普通话	
	英语	
	粤语	
	其他（请填写）	
技 能		
期望薪酬		
工作地点（请选择）	A.北京　　B.上海　　C.西安　　D.广州　　E.都可以	
其他要求		
是否有亲属曾在本公司或正在本公司任职（如有，请写明姓名及关系）		
通过什么途径获取本职位空缺信息		
	申请人：	
	申请日期：	

（二）测试法

运用测试法所测试的内容包括：知识测试、能力测试、个性测试等。

1. 知识测试

知识测试主要是考查应聘者是否具备其所应聘职位所需掌握的知识。因此，它主要测试与工作有关的各种专业知识。例如，对应聘财务会计的人员，要进行基本的会计知识、会计法规、财务软件操作等方面的测试；对专业技术人员，要进行专业技术知识测试；而对那些从事管理工作的人员，则要进行管理方面的知识测试。

2. 能力测试

能力是指运用掌握的知识解决和处理工作中遇到的各种实际问题的技能。人的能力可以分为一般能力和专业能力，相应的能力测试就包括一般能力测试和专业能力测试。

（1）一般能力测试。方法有很多，比较系统和成熟的测试方法是美国劳工部开发的一般能力测试法。它广泛运用于各个国家和企业的招聘测试中。它包括了一般能力、数理能力、语言能力、书面能力、空间判断能力、形状知觉、运动协调、手指灵活度、手腕灵巧度9种职业能力的倾向，可以用于测试与不同职业有关的各种能力。

(2)专业能力测试。专业能力是指那些与工作有关的各种特殊能力。一定程度上讲,应聘者的专业能力直接决定他的工作绩效,所以企业十分重视对应聘者专业能力的测试,尤其是在招聘选拔高级管理人员和各类重要专业技术人员时,更需要进行各种专业能力的测试,以确保所选拔出来的员工掌握和具备招聘职位所必需的专业能力。

3. 个性测试

个性是指人对客观现实的态度和行为方式中经常表现出来的稳定倾向。人的个性往往会在他们的行为中充分体现出来,并在很大程度上影响他们的工作绩效。因此,通过对应聘者的个性测试,可以了解应聘者是否适应其所应聘的职位。

常用的个性测试包括问卷测试和投射测试两大类型。

(1)问卷测试。由心理学家根据需要测试的个性要素设计专门的问卷,让应试者对问卷中的问题进行回答,然后再对应试者的答案进行分析,从而判断他们的个性特征。问卷测试法种类繁多,其中使用较多的方法有卡特尔的十六种个性特征问卷、麦尔斯—布瑞格斯类型指标等。

1)卡特尔十六种个性特征问卷。该问卷是由美国伊利诺伊州立大学教授、心理学家卡特尔开发的。他认为人的个性中包含16个稳定的要素,如乐群性、敏感性、怀疑性、独立性等。每个要素又可以分成高分特征和低分特征。根据这个原理和假设,卡特尔设计了由187个问题组成的问卷,通过对答案的统计得出被测试者的个性特征分析图。

表4-3 卡特尔人格特征问卷中个性的主要特征

因 素	低分特征	高分特征
乐群性	缄默、孤独	乐观、外向
聪慧性	迟钝、学识浅薄	智慧、富有才识
稳定性	情绪激动	情绪稳定
好强性	谦虚、顺从	好强、固执
兴奋性	严肃、谨慎	轻松、兴奋
规范性	权宜、敷衍	有恒、负责
敢为性	畏缩、退却	冒险、敢为

续表

因　素	低分特征	高分特征
敏感性	理智、注重实际	敏感、感情用事
怀疑性	信赖、随和	怀疑、固执己见
幻想性	现实、合乎成规	幻想、狂放不羁
世故性	坦白直率、天真	精明能干、世故
忧虑性	安详、沉着、有自信	忧虑抑郁、烦恼多端
变革性	保守、传统	自由、批评、激进
独立性	依赖、随群附众	自主、当机立断
自律性	矛盾冲突、不明大体	知己知彼、自律严谨
紧张性	心平气和	紧张困扰

2）麦尔斯—布瑞格斯类型指标。该指标是最普遍的人格框架之一。MBTI（Myers-Briggs Type Indicator）包括100道问题，用来了解个体在一些特定情境中会有什么样的感觉和活动。根据个人的回答，可以分为外向型（E）或内向型（I）、感觉型（S）或直觉型（N）、思维型（T）或情感型（F）、知觉型（P）或判断型（J）四个维度组合成的16种人格类型。这种个性测试的方法被许多国际知名企业如GE、3M、AT&T等用来测试求职人员的个性特征。案例4-6是MBTI个性测试问卷的示例。

【案例4-6】

MBTI个性测试问卷示例

第一部分：选择最接近你平常想法的一项。

1. 我更重视（　　）。

A. 人们的感情　　　　　　　　　B. 他们的权利

2. 我一般跟（　　）相处得更好些。

A. 富有想象力的人　　　　　　　B. 现实主义的人

3. 被称为（　　）是一种更高的表扬。

A. 有真实感情的人　　　　　　　B. 一贯理智的人

4. 在跟许多人一起做事的时候，下面两种办法中（ ）更合我的口味。

A. 按公认的办法处理　　　　　　　　B. 按我自己的方式处理

5. 我对（ ）更为恼火。

A. 异想天开的理论　　　　　　　　　B. 讨厌理论的人

6. 称呼别人（ ）是对他的更高的赞扬。

A. 一位有眼光的人　　　　　　　　　B. 一位有常识的人

7. 我经常（ ）。

A. 感情用事　　　　　　　　　　　　B. 用理智克制情感

8. 我认为（ ）是更糟糕的缺点。

A. 过分热情　　　　　　　　　　　　B. 冷漠无情

9. 如果我是一位老师，我宁可做（ ）。

A. 理论性课程　　　　　　　　　　　B. 实操性课程

第二部分：每组有a、b两个词语，你更喜欢哪一个。

10. a.同情　　　　　　　　　　　　　b. 深谋远虑

11. a.公正　　　　　　　　　　　　　b. 仁慈

12. a.生产　　　　　　　　　　　　　b. 设计

13. a.温和　　　　　　　　　　　　　b. 强硬

14. a.不加批判　　　　　　　　　　　b. 带批判性

15. a.朴实　　　　　　　　　　　　　b. 华美

16. a.富有想象力　　　　　　　　　　b. 讲究实际

资料来源：http://www.angrongcn.com/dg/mbti1.html。

    MBTI 个性测试方法的假设是：每个人在各个维度都会有一定的倾向性，或者是高分特征，或者是低分特征，从而构成了自己个性的不同维度组合。每一种组合都代表一种个性特征，这种个性特征会在工作中潜移默化地渗透到个人的行为中，因而，它必定会影响人们的工作方法、工作风格和工作的绩效。

    下面我们从 16 种人格类型中列举几种典型的个性特征：

INTP：内向、直觉、思考、认知型

具备这种个性类型的人善于解决抽象的问题。他们通常外表恬静，内心专注，总是忙于分析问题，他们目光挑剔，具有很强的独立性。

这类求职者更期望从事的工作应该是：能产生新观念；专注于具有创造性的某一流程，敢于为了解决问题而承担风险。

ESFP：外向、感知、感觉、认知型

这类人外向活泼、对外界充满兴趣；充满活力，适应性很强，平易随和，可能会同时参加几项活动，他们不喜欢把自己的意志强加于人。

对于这类求职者来说，最适合他们的工作应该是：工作能够为其提供更多的学习机会；能够用常识解决工作中的问题；能与客户直接沟通；能够参与多个项目的实践。

ESFJ：外向、感知、感觉、判断型

这类人喜欢通过直接合作以帮助别人。由于他们注重人际关系，因而人缘好，能够察觉他人需求并满足他们。他们踏实认真，有主见，决策果断，行事风格雷厉风行。

对于这类求职者，最令他们满意的工作是：能够更多地与人交往和沟通，并且能参与各项事务的决策中去。具有明确的工作目标和绩效考核标准，能够自主安排工作。

ENTJ：外向、直觉、思考、判断型

具有这样个性的人最有可能成为领导者和决策者，他们喜欢领导别人，具有全面的思维能力，并且追求完美，具有敏锐的观察能力和及时解决问题的能力。

最令这类求职者满意的工作是：享有发号施令的权利，制定长远战略规划，需要更多创造性的工作。

（2）投射测试。它是指个体不自觉地将自己的价值观、态度、思想、情绪等反映于外界事物或他人的一种心理活动。此种内心深层的反应，实际上是人类行为的基本动力，而对这种基本动力的认识和研究，需要借助于投射技术。

具体来讲，投射测试就是让被测试人员借助一定的媒介，绕过自己的心理防御,直接描述自身想象的世界,从而揭示个体特征的一种心理测试方法。测试中的媒介,可以是某些有意义的图片;旋律特殊的音乐;没有规则的线条曲线;可以是某些绘画场景;或者只有待补充的句子;也可以是故事的开头,让被试者描绘出故事的发展和结局等。

常见的投射测试方法有:

1)墨迹测试。通过解释墨迹图测试人的个性。墨迹图是指那些表面上看起来意义模糊或没有任何意义,但实际上,它们是由专家经过长期精心开发和设计的投射物。

2)主体统觉测试。要求受测者根据他所看到的图画等,编造出一个包括过去、现在和未来发展的故事或是解释图片中的一些情景,从而了解被试者个性特征。

【案例4-7】

投射测试示例

下面这个测试就属于投射测试,请凭第一感觉回答图片下方的问题。

1. 图中的女人为何掩面?她的情绪是怎样的?

A. 悲伤,女人发现丈夫的婚外情

B. 忧虑,丈夫酒醉在床上

C. 关心,丈夫病重躺在床上,可能即将死去

2. 床上女子状态怎样?

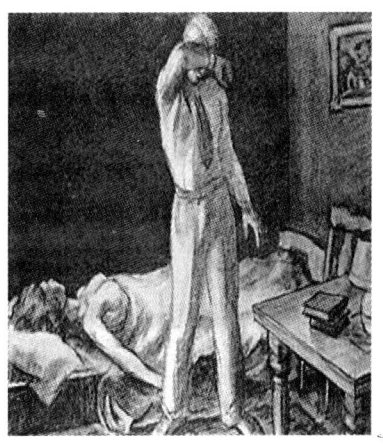

A. 身患重病

B. 沉睡

C. 已死去

3. 图中戴领结的男子是女子的什么人?

A. 秘密情人

B. 老板或者顶头上司

C. 可以帮助她的有权有势的人

4. 图中老妇人的眼神流露出怎样的情绪?

A. 邪恶,她们之间可能隐藏着冲突

B. 同情

C. 焦虑,关心

5. 图中的女子正在打开房门,她打算做什么?

A. 男友的房间,她一直很想看看房间里的布局陈设

B. 下班,刚刚回家

C. 拿东西,然后回厨房做饭

6. 图中这个人物打扮成这样是为什么?

A. 打扮成别人认不出来的样子去袭击仇人
B. 抢劫商店
C. 参加万圣节假面舞会

7. 图中这个女子化妆是为什么?

A. 遮掩已经衰老的面容,并希望能够挽救婚姻危机
B. 以更加饱满的精神状态去见大客户
C. 去和男朋友约会

结果及分析：

选择A记1分，B记2分，C记3分，然后统计自己的总分。

7分~11分：你非常善于隐藏自己，没人知道你心里到底在想什么。同时你防御心理较强，对事物怀着消极的态度，不愿意轻易相信别人，大多时候宁愿自己独处也不愿意和其他人在一起。也许你的魅力就在于神秘吧，很多人都想接近你，但你内心与外界的距离感始终存在。你只有摆正对生活的态度，才能过上快乐的生活。朋友的建议对你影响很大，你需要对这些建议进行过滤，有选择地采用，不要被这些建议搞得焦头烂额。

12分~16分：能想到就能做到，恐怕是你的人生信条。你属于现实主义者，浪漫色彩非常淡薄，对金钱有一定的执着心。头脑清晰，有很强的独创能力。踏实、勤奋是你的一贯风格，但缺乏挑战新事物的勇气，对人情世故不太精通，再加上你平时比较少言，给人感觉比较冷漠，往往需要一段时间才能融入到团体中。建议不要凡事都顾及眼前，要学会规划人生。过分谨慎也会错过很多机会。

17分~21分：你性格开朗、乐观、平易近人，和朋友交往中能设身处地地为他人着想，另外善于在公众面前提升自己的形象，因此深受大家的信任，在群体中是个受欢迎的中心人物。你做事很慎重，谦恭有礼，即使再棘手的事情也能处理得恰到好处。诚信是你重要的处世原则，你具有压抑自己为别人着想的品质。不过此类型的人难以做出特别大的成就。建议适当学会拒绝，会让你更快乐。

资料来源：http://xlzx.sfssri.net.cn/article/.

3）完成句子测试法。要求被试者将不全的句子补充成完整的句子。如

名人们常常……

站在夕阳下，他……

一觉醒来，我……

最令我记忆深刻的是……

通过被测试者的反应可以对被测试者的家庭、自我认识、价值观取向、态度、性格等方面的特征进行解释。

虽然，投射测试能够反映出应聘者的个性特征，但是，在招聘决策时，投射测试只能是参考性信息，不能以此为依据来选择应聘者。

目前投射测试在人员选拔中的应用不是很广，但随着测试技术方法本身的不断发展和完善，测试的准确性和可靠性不断提高，人们认可程度的加强，它将逐步成为招聘选拔中一个重要有效的方法。

（三）工作样本法

工作样本测试是指让应聘者完成一项或几项工作样本任务，从而了解应聘者具备哪些工作技能的测试方法。工作样本测试的内容是与应聘者所应聘岗位的工作内容直接相关的，应聘者是否具备工作所要求的知识和技能，在他完成工作样本任务时就能够充分表现出来。但是，工作样本测试的成本比较高，也不适用于那些带有一定危险性的工作和需要较长时间才能完成的工作。

在实施工作样本测试时，首先要进行工作分析，确定职位的关键任务。其次，要选择具有代表性的工作样本；再次，运用选定的工作样本对应聘者进行测试；最后，按事先设计的评分规则，对应聘者的工作样本完成情况进行评价。

（四）评价中心法

评价中心法是指创设一个模拟的工作场景，采用多种评价技术和手段，观察和分析被测试者在模拟的工作情景压力下的行为，以测量其管理能力和潜能的一种测试方法。这种方法被广泛应用于企业高层管理人员的测评中。评价中心法常包含以下测试方法：

1. 文件筐处理

文件筐处理是评价中心最常用的方法之一，通常用于管理人员、行政人员的选拔，它是情景模拟测试的一种。该情景模拟一个公司所发生的实际业务、管理环境，提供给应聘者包括人事备忘录、客户关系、市场信息、任务分配、财务信息、政府的法令公文等材料，让他们对各类公文材料进行处理，从而形成公文处理报告，还要对问题处理方式作出解释。

【拓展阅读】

文件筐测试的应用

文件筐测试可以从7个方面对被测试者进行评价:

1. 是否每份材料都已经看过,并做出了答复?

2. 是否对下属进行了恰当的授权?

3. 是否过分拘泥于细节?

4. 在时间的压力下,被测者能否按事情的轻重缓急顺序来有条不紊地处理公文?

5. 是否将每一份书信按其重要性进行分类,然后再做出答复?

6. 解决问题的方法是否巧妙而有效率?

7. 作出每一项决策的理由是否充分合理?

2. 无领导小组讨论

无领导小组讨论,是目前招聘测试中广泛使用的一种测试方法,它是指一组应聘者在给定的时间里,在既定的背景之下围绕给定的问题展开讨论,并得出一个小组意见。无领导小组讨论一般由4~6名应试者组成,不指定小组的主持人,

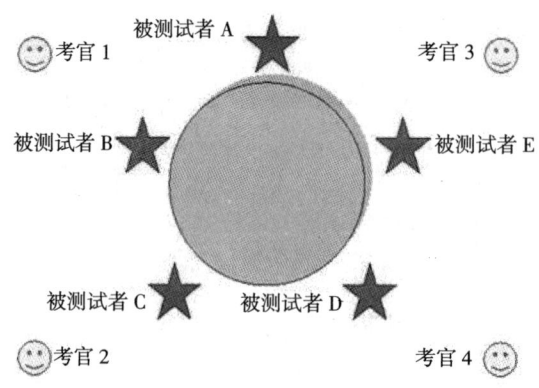

图4-3 无领导小组讨论现场示意

资料来源:http://www.e9151.com/news/newsinfo/800003081.html。

在整个讨论过程中测评人员不进行干预，任凭应试者自由发挥。

无领导小组讨论能够考察应聘者的语言表达能力、独立分析问题的能力、应变能力、沟通能力、说服能力以及团队合作能力等。同时也可以考察应聘者的自信心、进取心、责任感、灵活性、团队精神等个性特征。

【拓展阅读】

无领导小组讨论的类型

（1）根据讨论背景的情境性，可以分为无情景性无领导小组讨论和有情景性无领导小组讨论。

（2）根据是否给被测试者分配角色的角度来划分，可以分为定角色无领导小组讨论和不定角色无领导小组讨论。

（3）根据参与者之间的完成任务过程中的相互关系，可以分为竞争型、合作型和两者相结合的无领导小组讨论。

3. 角色扮演

角色扮演是指通过设立一些模拟的工作情景，要求应聘者扮演模拟情景下的某个特定的管理角色来处理日常的工作，从而观察应聘者的行为活动，以了解其所具备的能力和综合素质。如要求被试者扮演副总经理，由他来向由主试者扮演的下级作工作指示；或者让被试者扮演一名销售人员，向零售单位推销产品；或者要求被试者扮演一名车间主任，请他在车间里直接指挥和组织生产。

通过这种角色扮演，可以观察到应聘者在特定角色条件下的行为以及表现与角色的吻合度等。

（五）面试

面试是指通过面试官与应聘者面对面的沟通与交流，使面试官能直接观察和了解应聘者的能力、素质和求职动机的一种招聘方法。面试是企业招聘选拔人才中最常用的、最有效的测试方法。

1. 面试的种类

按照不同的标准可以将面试划分为不同的类型,具体的分类如表4-4所示。

表4-4 面试的类型

分类标准	类别	描述	优点	缺点
按照面试的结构性划分	结构化面试	事先拟定面试提纲,按提纲面试每位应聘者	统一标准,减少了主观性提供结构与形式一致的信息,便于分析、比较	形式僵化,所得信息有限制,不能反映细节
	非结构化面试	以工作说明书为指导,没有固定的问题	灵活性比较大,问题因人而异,可得到较深入的信息	无统一标准,容易产生偏差,对面试官素质要求很高
按照面试的组织方式划分	一对一面试	主试者和应聘者两人一对一的面试	面对面地交谈,有利于双方建立较为亲密的关系,加深相互了解	只有一个面试官,决策时难免有偏颇
	小组面试	由一组面试官对一位应聘者进行面试	多种角度对应招者进行考察,提高判断的准确性,克服个人偏见	可能给应聘者带来巨大的心理压力,也容易使面试官之间产生不一致
	集体面试	多位考官对多个应聘者同时进行面试	可利用应聘者在集体中的表现,了解应聘者的沟通能力和领导才能	限制了对个人潜在素质的挖掘

除了上面介绍的基本的面试类型外,还有一些其他的面试方式,如压力面试、情景面试、行为面试等。

(1)压力面试。主试者会提出一系列直率(通常是带有"敌意"或"攻击性")的问题,给应聘者意想不到的一击,以此观察应聘者的反应。从而了解应聘者承受压力、情绪控制的能力以及应变能力和处理紧急情况的能力。

(2)情景面试。包含一系列与工作相关的问题,这些问题是在工作分析的基础上制定的,有预先确定的答案,主试者对所有应聘者提出同样的问题,根据他们的回答和事先确定的答案来预测应聘者在给定情况下的行为能力。

(3)行为面试,即是以面试目标为导向,以面试者的行为为依据,直接观察面试者的行为表现来获取面试者的信息。这样就很好地避免了面试官因主观因素造成的误差。

2. 面试前的准备

面试前的准备工作对于面试的成功与否起着至关重要的作用，面试前充分的准备也能够帮助主试者更好地对应聘者作出判断，同时在应聘者心目中树立起良好的企业形象。

面试前需要做的第一步就是培训面试官。确定了面试官之后，面试官要通过工作说明书了解招聘职位对任职者在知识、能力、经验、个性特点、职业兴趣等方面的具体要求以及工作的主要职责、工作环境、薪酬等问题。

面试的时间最好选择在双方都能够全身心投入到面试中的时间。面试过程中，主试官要掌握好时间，尽可能让应聘者多说话，但是主试官要控制大局。面试的地点尽量选择在安静不易被打扰的地方。

【拓展阅读】

面试应注意的问题

（1）应该建立起和谐的气氛，面试官可以以较轻松的话题开场，缓解应聘者的紧张情绪。

（2）在面试过程中尽可能地让应聘者多说，面试官必须做一个积极的倾听者。

（3）提问的时候要注意避免带有个人倾向的问题、避免提出引导性问题，如"你应该不会介意每周加一次班吧？"

提出的问题应该让应聘者用其言行实例来回答，如说："举一个当你……的例子"、"讲述一下你是怎么处理某某问题的"、"你有过……的经历吗？"因为应聘者过去的行为在一定程度上能够预示其未来的行为。

3. 影响面试效果的因素

影响面试效果的因素包括第一印象、候选人次序、非言语行为、误解职位、雇佣压力等。

(1) 第一印象。研究表明,面试开始的几分钟里,面试官就已经对应聘者做出了判断。也可以说面试从应聘者敲门的那一刻已经开始,接着,面试官会注意应聘者走进面试房间的姿态、衣着、神情等。不要小看这些问题,因为面试官很可能通过这些细节就已经作出录用与否的决定。

(2) 候选人次序。面试官通常会依据前一位应聘者的表现情况来评价下一位应聘者。如果前一位应聘者得到极好的评价,而接下来的应聘者表现一般,那么面试官往往会对后来的这位应聘者的评价比本应该给予的评价更差;相反,如果前一位应聘者表现一般,而接下来的应聘者表现出色,则后面这位应聘者得到的评价可能会比他本应该得到的评价更高。因此,应聘者的面试次序可能会对面试结果产生一定的影响,而且这种影响是很难避免的。

(3) 非言语行为。研究表明,在面试过程中,非言语行为也会影响面试的结果。通常,那些能够注意到目光接触并适时地微笑、点头的应聘者容易得到较高的评价。同时,面试官的非言语行为也会影响应聘者的现场表现。另外,应聘者的气质、个人魅力等也会影响面试官的评价。

(4) 误解职位。这是从招聘方的角度来讲的,由于面试官准备工作不充分,不能准确了解有关职位的情况以及什么类型的候选人最适合该职位,可能会造成面试中的错误评价。

(5) 雇佣压力。如果企业招聘的需求量很大,或正急需人才,而且招聘时间比较紧迫的情况下,面试官对于应聘者的评价可能会偏高。

【案例 4-8】

雅虎的创意面试

雅虎(Yahoo)的面试很有创意。首先,它是在玻璃房子中进行的,在这狭小的空间里,有些应聘者开始可能会产生不适感,但是雅虎之所以这样做是为了测试应聘者对环境的适应能力。有的应聘者很快适应这种环境,并且还会对匆匆忙忙、来来往往的同事做评价,同时也会对踩着滑板车穿梭于办公区的同事表示惊讶。

其次，雅虎致力于提倡一种"no boundaries"（没有约束，轻松愉快的工作，效率会更高）的氛围。雅虎的面试用桌全部都是圆桌，地位平等。茶水、咖啡、纸巾、电话、电源、网线都是必备的，有备而来的应聘者可以利用充足的资源呈现其作品和想演示的内容。为了尊重应聘者的时间，人力资源部会尽量协调好内部的各个部门的时间，以便所有决策相关者都能在同一天空出时间，从而保证面试的效率。由于每位面试官的侧重点不同，有时甚至会有几位招聘官一起与应聘者坐到一起，从而有利于各方的配合与沟通。这一切都是为了创造轻松愉快的气氛，实现与应聘者的深入交流与沟通，挖掘到与公司相适应的人才。

资料来源：http://www.china-peixun.com/news.php?id=12556。

四、人员录用与配置

（一）人员录用程序

人员录用，是招聘过程中的一个重要环节。人员录用决策，是指通过科学的分析测试，对岗位和候选人进行配置，实现人员与岗位的匹配。人员录用决策直接影响企业招聘活动的成效，如果决策失误，则可能导致整个招聘过程功亏一篑。

一般而言，人员录用决策程序包括如下4个，见图4-4：

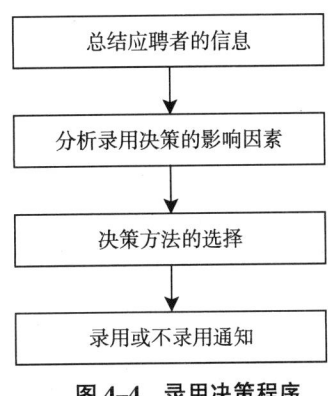

图4-4 录用决策程序

1. 总结应聘者的信息

人员录用决策的首要工作是总结应聘者的信息,即评价每位应聘者"能做什么"、"愿意做什么"、"做得怎么样"等方面的信息。这些信息直接或间接地反映了应聘者与岗位的匹配程度。

2. 分析录用决策的影响因素

在总结了应聘者的信息之后,就必须将这些信息根据一定的标准进行排序,分析录用决策的影响因素。一般而言,企业是根据职位的要求选择相应的录用标准,将这些标准作为录用决策的影响因素。

3. 决策方法的选择

(1) 主观分析法,分析候选人的资料以及表现,凭借主观印象做出决策。这种方法成本低、简单快捷,但需注意的是,这种方法比较主观。因此,评价者要以应聘者的能力与经验为依据,结合企业的实际需要,来决定是否录用应聘者。

(2) 统计分析法。根据员工在各个测试中的得分情况进行统计分析。首先区分评价指标的重要性,赋予权重,然后根据评分结果,用统计的方法进行加权运算,依分数高低进行录用。

4. 录用或不录用通知

在做出录用的决定后,要及时给被录用的应聘者发出录用通知,同时也不能忽视那些未被录用的应聘者,对未被录用的应聘者的答复是体现公司良好形象的重要途径。因此,要及时将结果告知未被录用的应聘者,并感谢他们对公司的支持。

(二) 背景调查和体检

1. 背景调查

背景调查就是企业通过第三方对应聘者的情况进行详细了解或验证,目的在于获得求职者更加全面的信息。背景调查可以通过打电话、访谈、要求提供推荐信等方式从第三方(应聘者原来的雇主、同事、老师、同学、朋友等)了解或验证应聘者的详细情况。也可以聘请专门的调查代理机构进行。

背景调查可以分为两类:一是通用项目如调查学位、学历证书的真实性、任职资格证书的有效性等；二是专业项目如与任职条件要求相关的工作经验、技能和业绩等。

背景调查设计的内容应简明、实用，与工作岗位需求高度相关，避免查非所用，用者未查。

【拓展阅读】

背景调查的典型问题

（1）他在贵公司的服务期是从什么时间到什么时间？

（2）他在贵公司的工作性质是什么？

（3）他在贵公司担任何种职位？是否曾担任主管？如果担任，业绩如何？

（4）他工作是否认真？

（5）他为什么要离开贵公司？

（6）他最突出的优点和缺点是什么？

（7）请列举能证明他出色表现的实例。

（8）他自称离职前的待遇是×××，请问是这样吗？

2. 体检

在正式入职之前，企业通常要求应聘者在指定的医院或是符合企业要求等级的医院进行体检。体检的主要目的是确定应聘者的身体健康状况是否能够适应工作的要求，尤其是那些对身体素质有特殊要求的工作。另外，通过体检可以建立员工的健康档案，及时发现员工的健康隐患，并且能够降低缺勤率和工作事故的发生率。

（三）人员配置

人力资源管理的目的在于合理地使用人力资源，最大限度地提高人力资源的效益。当通过甄选的应聘者进入组织之后，如何发挥他们的效能，关键在于如何让每个员工发挥自己最大的潜能。因此，在人员配置上一定要做到人适其事，人尽其才。只有遵循这一原则才能使人与事合理匹配，减少浪费，提高企业人员使用效率。

(四) 动态管理

在招聘和甄选的环节，组织依据岗位的要求和个人的特点进行录用，但是在人员进入组织之后，无论是工作岗位本身还是在职人员都是不断变化的。这就需要组织对工作岗位和人员进行动态管理，及时了解工作要求的变化，以及在职人员的兴趣、能力等方面的变化，并作出相应的调整。

本章小结

本章主要介绍了招聘与录用的相关知识。

招聘，是指企业根据人力资源规划和工作分析所确定的人力资源需求的数量与质量的要求，通过发布招募信息，科学地甄选企业获取所需的合适人选，并把他们安排到合适岗位的过程。

招聘要遵循的原则有：公开公平原则、竞争上岗原则、因事择人原则、用人所长原则和宁缺毋滥原则。

人力资源招聘计划包括确定招聘需求、确定招聘人数、估算招聘时间、确定招聘标准、确定甄选方法以及估算招聘成本。

招聘策略是人力资源规划的具体体现，也是为了实现人力资源的配置而采取的具体策略。招聘的策略分为长期策略和短期策略。

招聘渠道一般分为两类：内部招聘和外部招聘。内部招聘的方式主要包括内部晋升、工作轮换、工作投标和主管推荐等。外部招聘的方式主要包括广告招聘、网络招聘、职业中介机构、校园招聘和猎头公司等。

人员甄选是为了选拔出符合空缺岗位所要求的人员。人员甄选的方法有很多种，企业应该采用多种方法相结合的方式对应聘者做出全面、客观的评价。

人力资源的录用与配置也是不容忽视的环节，企业应做到人事匹配、人岗匹配，并进行动态管理。

第五章　员工培训

开篇案例

无效的培训

蓝焰公司是一家生产厨具和壁炉设备的企业，有150名员工。该公司的产品一直以来质量都较为不错，但是，近几个月公司却因为产品质量问题失去了三个重要客户。经过调查发现，公司的次品率竟然高达12%，而行业平均水平为6%，经过公司调查分析发现出现产品质量问题的原因是操作人员缺乏质量控制培训。

为此，培训主管李岩制订了一个有关质量控制的培训计划，并准备实施，目的是使次品率降低到行业平均水平以下。公司的总经理王总担心安排培训会耽误生产进度，但是，李岩回答说，此次培训项目总时间不会超过8小时，并且培训分为四次进行，每周进行一次。获得总经理批准后，李岩开始向一线主管人员发出培训通知，要求他们检查操作人员的工作记录，确定哪些员工在产品质量上出过问题，然后就安排他们参加培训。通知还另附一份培训课程的大纲，培训方案最后设定的培训目标是：将次品率在6个月内降低到同行业平均水平的6%。

在培训过程中，讲师把讲义印发给每一位学员，以便学员更好地学习。培训计划包括讲师讲授、学员讨论、案例研讨等。学员花时间最多的地方是讨论每一章后面的案例。由于没有专门的培训场所，培训被安排在公司的餐厅中进行，时间在早餐与午餐之间，而这正是餐厅的工作人员准备午餐和清洗早餐餐具的时间。在培训名单上一共有50名员工须参加培训，但是真正参与的平均人数只有

30人。而且由于很多生产主管担心员工因参加培训耽误生产，对此次培训并不支持，因此不少员工在培训中途又回到车间干活去了。

培训结束一段时间后，企业对产品的次品率进行调查，结果发现次品率没有发生明显的变化。面对这一结果，培训主管李岩非常苦恼。

资料来源：张一驰.人力资源管理［M］.北京：北京大学出版社，1999.

【案例启示】培训是企业改变员工绩效、提高员工知识和技能的重要手段。但是，并非所有的培训都能取得预期的效果，一旦培训失去应有的效果，不仅会造成企业成本的浪费，还会导致培训形同虚设，使员工对培训失去兴趣。因此，企业在确定进行员工培训前，必须明确与培训相关的各项事宜，从而保证培训能够发挥应有的效果。

本章您将了解到：

● 员工培训的概念、类型及其内容

● 员工培训的基本程序

● 培训的方法

● 新的培训模式

第一节　员工培训概述

越来越多的人认识到，培训和发展是一项极为重要的企业活动，持续不断地抓好培训的紧迫性也日益突出。

——罗伯特·克莱格、莱斯特·别特尔

当企业把人力资源当作一种资本，根据企业利润最大化原则，企业便会对人力资本进行投资，对人力资本投资的方式有很多种，而培训是增加企业人力资源价值的一种主要方式。瞬息万变的市场环境对员工知识的更新速度和综合能力的要求越来越高。做好培训工作是企业适应社会、适应时代，且在竞争中取胜的必然选择。

【案例 5-1】
磁盘驱动器的故事

20世纪六七十年代，14英寸的大型计算机磁盘驱动器主宰着整个行业。70年代末，一种新产品——8英寸磁盘出现了。但是，由于存储容量较小、运行速度慢，它被客户拒之门外。虽然如此，它的发明者依然对8英寸磁盘抱有希望，因此它的发明者继续对其加以不断地改进。经过多年的不懈努力，昆腾等公司终于将它推向市场，并获得了可观的利润。

然而不久，希捷公司开发了5.25英寸的磁盘，接下来的几十年磁盘又从5.25英寸缩小到了3.5英寸，进而缩小到1.8英寸，很多行业领导者随着时间被淘汰出局，而那些不断学习，与时俱进的企业却始终屹立于变革的前沿。

小小的磁盘映射了时代的快速发展、知识的快速更新。而对于处于知识经济时代的企业来说，企业必须成为员工不断学习的平台，尽可能地为员工提供更多的培训机会，这样才能使员工的知识得到更新，才能促进企业始终走在时代的前列，保证企业长远发展。

资料来源：http://www.china-training.com/news/?action-viewnews-itemid-9967.

一、员工培训的概念

员工培训是指为了帮助员工获得或进一步提高某些与工作相关的技能、知识、态度等，企业安排员工进行再学习的过程。培训是确保员工能持续更新知识，并不断提高工作绩效，同时也给企业的后续发展储备人才。一般来讲，任何培训都是为了提高员工的知识、技能和态度三方面的水平。

【拓展阅读】

培训的误区

（1）流行什么培训什么。

（2）培训是一项花钱的工作。

（3）培训只是人力资源部的事。

（4）培训是为他人作嫁衣裳，培训后员工流失不合算。

（5）对培训定位认识不清，致使培训与企业长期发展脱节。

（6）高层管理人员不需要培训。

（7）培训没有建立在科学的需求分析上。

（8）培训是个筐，什么都往里装。

二、员工培训的类型

企业的培训一般可以分为岗前培训、在岗培训和脱产培训。

（一）岗前培训

岗前培训的目的在于向新员工介绍工作职责、工作环境及工作同事，使其熟悉业务流程，以便走上工作岗位后能适应岗位的需要，尽快地融入到企业中并投身到工作中去，消除新员工对新工作、新环境及新同事的陌生感，激励新员工的士气。

岗前培训包括帮助员工熟悉工作的内容、性质、责任、权限、利益、规范；向员工介绍企业文化、政策及规章制度；组织员工熟悉企业环境、岗位环境、人事环境等。

（二）在岗培训

在岗培训又称在职培训，是指企业为了进一步提升员工的工作绩效或是由于员工职位升迁、转岗以及为取得某些岗位的工作资格而开展的培训。其特点是受训员工不离开工作岗位。按照培训目的的不同，在岗培训可分为转岗培训、晋升培训、岗位资格培训、更新知识、掌握新技能的培训等。

(三) 脱产培训

脱产培训是指员工暂时离开工作岗位，专门接受一段时间的培训。由于没有工作的压力而且时间比较充裕，因此受训者能够集中精力进行学习。脱产培训一般都能够取得比较好的培训效果，对于受训者来说也是提高自身水平的机会。但是，这种培训的成本比较高，而且在培训期间企业需要另行安排人员负责受训者的工作或是将工作分配给其他员工。

三、培训的内容

员工培训的内容要与企业的战略目标、员工的岗位特点相适应，同时还要考虑适应内外部环境的变化。员工培训的内容通常包括：

(一) 知识培训

知识培训主要包括思想方面的培训和科学文化知识方面的培训。人的思想决定了人的行为，因此，企业要想把握员工的行为方向，必须首先从思想上影响员工。思想方面的培训主要介绍公司的企业文化和岗位职责，通过培训可以帮助员工更快地将其价值观与公司的企业文化相融合以及形成良好的职业道德观。科学文化知识的培训主要是指对岗位所需的专业知识的培训，有好的专业知识基础，才能在技能培训中更快地掌握相关的专业技能，也能进一步激发员工的创新能力。不同岗位的员工所需学习的知识是不同的，因此，科学文化知识培训的主要内容要结合岗位目标来进行设计。科学文化知识培训可以采用聘请外部专家讲授、自学或者两者相结合的方式进行。

(二) 专业工作技能培训

专业工作技能培训是为了使员工更好地完成本岗位的工作而采用的提高该岗位工作技能的培训。如培训一个营销员如何顺利推销企业的产品，机械工如何操作新机器等都属于工作技能培训。专业工作技能培训的重点在于提高员工的实践应用能力。专业工作技能培训可以采用"师带徒"的形式或是聘请外部专家现场授课。

（三）创新能力培训

创新是企业发展的动力源泉，一个企业创新能力的大小决定了该企业可持续发展的前景是否广阔，而企业的创新能力是企业所有员工创新能力的集成，因而对员工进行创新能力培训是非常有必要的。员工创新能力培训重点在于帮助员工扩展思维，激发员工的想象力。对员工进行创新能力的培训能够使员工开拓创新，更有积极性、创造性地完成工作，从而促进整个企业核心能力的提升。创新能力的培养对于管理层、技术人员都非常重要。创新能力的培训主要可以采用外部培训的方式。

（四）团队精神培训

现代的企业越来越倾向柔性化，企业组织结构的边界越来越模糊，企业内部各部门之间以及部门内部更多的是以团队的理念进行企业的实际操作。如何更有效地运营管理自己的团队成为企业非常关注的问题，因此，团队精神的培训对于企业来说是必不可少的。有团队精神的员工才能更好地与其他员工合作，而这种合作在今天的组织中至关重要。企业可以通过组织一系列的集体活动，如野外生存训练等使培训者通过协作共同解决所遇到的困难和问题，提高团队意识，增强团队的凝聚力。

（五）心理培训

员工的心理健康问题已经成为整个社会关注的热点，心理培训也是企业培训体系中重要的内容。激烈的竞争、较大的生存压力对员工的心理承受力提出了新的要求。企业中"80"后、"90"后逐渐增多，他们的成长环境和成长经历使他们的心理承受力远不如父辈，因此进行心理培训是必需的。企业在对员工进行心理培训的时候应该对员工的心理状态有基本的了解，目前阶段我国企业的员工一遇到"心理问题"这个词就会想到逃避，因此在进行心理培训的时候应该首先让员工正视自己所面临的问题，其次才是帮助员工解决面临的心理问题。心理培训主要是通过启发、辅导等帮助员工正确看待工作目标，理性处理与其他员工之间的关系，积极调整心态，化解工作以及生活的压力。通过心理培训，企业可以与员工更好地交流和沟通，从而创造和谐民主的企业文化氛围，使企业的人力资源得到最大限度的挖掘。

员工培训对于企业来讲具有非常重要的意义，知识培训、专业技能培训、创新能力培训、团队精神培训以及心理培训都是一个持续的过程。员工的发展潜力是巨大的，因此培训必须是持续的。员工培训最直接的一个作用就是减少员工的流失率，企业为员工自身价值的提升提供了一个平台，具有激励员工的作用。同时，员工培训有利于塑造企业文化，用现有的企业文化去融合员工的价值观，使整个企业具有很强的文化凝聚力，更有利于企业战略的执行。因此，对于任何一个企业来说，有效的员工培训都是必不可少的，为了使培训能够取得预期的效果，企业应该建立完善的培训体系。

【案例 5-2】

肯德基：培训永无止境

肯德基进入我国以来，肯德基独特的人性化管理方式，让员工实实在在地感受到企业所给予的家庭般的关怀，从而愿意为大众提供热忱的服务。先进的管理依靠优秀的人才才能实现，人才培训是造就优秀人才的必然途径。肯德基不断投入资金、人力对员工进行多方面的培训。培训对象涉及餐厅服务员、餐厅经理以及公司职能部门的管理人员。这些培训不仅帮助员工提高工作技能，同时还丰富和完善了员工自身的知识结构，有利于个性发展。

新员工从踏进公司大门的那一刻起，就被量身制定了培训与发展策略，以配合整个系统的发展和运营，之后每一次职位的升迁都有不同的培训发展课程。不同的管理职位会有不同的学习内容，包括品质管理、产品品质评估、服务沟通、有效管理时间、领导风格、人力资本管理、团队精神等管理技能培训。从最基本的人际关系管理技巧，到岗位基础培训、分区管理技巧，乃至高级知识技能培训，每一项都针对特定的人群，起到事半功倍的效果。培训就是让员工得到尽快发展，并贯穿其整个职业生涯规划。因此，在肯德基，培训永无止境。

资料来源：夏光.人力资源管理案例·习题集 [M].北京：机械工业出版社，2006.

第二节 培训的基本程序

> 一个天才的企业家总是不失时机地把员工的培养和训练摆上重要的议事日程。教育培训是现代经济社会大背景下的"撒手锏",谁拥有它就预示着成功。
>
> ——松下幸之助

企业在一定时间内用于培训的资源是有限的,如何合理配置资源,是管理者必须作出的决策。而这一决策过程有赖于培训专家的参与和帮助,从而对企业的培训活动进行精心的组织和设计。

企业员工培训的基本程序包括四个环节:培训需求分析、制订培训计划、培训计划的实施、培训工作的评估(见图5-1)。

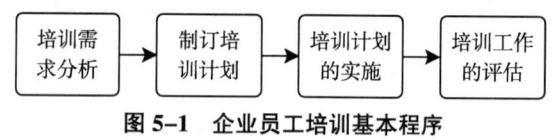

图5-1 企业员工培训基本程序

一、培训需求分析

培训需求分析是指企业实施培训工作之前,由企业人力资源部门采用恰当的方法,以实现企业的发展目标为导向,分析、识别组织内部成员的知识、工作技能以及工作态度等,以决定企业应该从哪些方面对员工进行培训。培训需求分析是企业进行培训的基础,也是开展培训活动的第一步。

(一)培训需求的确定

企业培训往往需要投入大量的人力、物力、财力,因此,在进行培训之前必须清楚目前是否需要进行培训,采用哪种形式的人员培训。

一般来说，培训需求的确定应从以下几点进行论证：

1. 员工行为和绩效是否达到企业的期望值，即是否存在绩效差异

如果员工的行为和绩效与企业要求的行为和绩效存在差异，则有必要进行培训。

2. 绩效差异的影响程度

当绩效差异会对企业所要完成的目标和未来的发展带来严重影响时，就必须深入分析其原因所在。究竟是员工缺乏足够的知识和技能？是区域所提供的资源不足？是缺乏正确的引导和足够的推动力？还是员工缺乏健康的身心？以上种种问题均需企业管理者进行深入分析，并确定培训的方向和内容。

【拓展阅读】

培训需求分析方法

（1）访谈法：确定访谈对象和人数，提前准备好访谈提纲，在访谈中注意气氛和过程控制。

（2）观察法：比较适用于操作人员，一般应在非正式的情况下进行。

（3）小组工作：小组成员要有代表性，注意气氛和过程的控制。

（4）问卷调查：首先列出培训者所要了解的事项然后把这些事项转化为问题，制作问卷，发放问卷并收集整理数据。

3. 培训的实施能否带来行为和绩效的改善

如果员工行为和绩效的差异是因为个人技能不足，工作态度和理念不端正，或上级主管给予的指导不够，那么实施培训可能是较好的改善途径。通过培训不仅能提高员工工作技能，而且能改变其工作态度和理念。但培训不是万能的，员工培训不一定能够解决所有存在的问题，企业要综合考虑绩效改善产生的效益与培训成本的大小。

（二）培训需求分析的步骤

培训需求分析的步骤如图 5-2 所示。

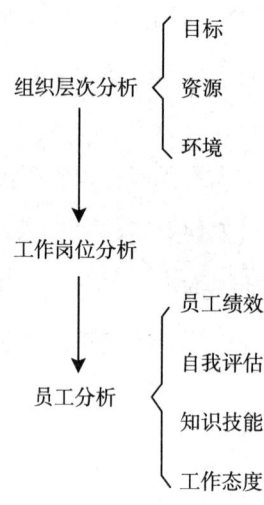

图 5-2　培训需求分析步骤

1. 组织层次分析

组织层次分析主要是通过对组织的内外部环境，包括组织目标、资源、环境等方面的分析，发现组织目标和培训需要之间的联系，以确定组织范围内的培训需求，保证培训的实施是符合组织发展目标要求的。一般而言，组织层次分析主要包括以下几项内容：

（1）组织目标分析。准确清晰的组织目标，对设计和制定培训规划起着关键性的作用，组织目标决定培训目标。假设一个组织的目标是谋求产品质量的不断提高，那么培训活动就要围绕这一目标来规划和执行。如果组织目标本身就比较模糊，则难以设计和执行培训规划。

（2）组织资源分析。以分析组织的人力、物力、财力等资源为主，确定组织的资源是否能够保证培训目标的实现。

（3）组织环境分析。针对组织内部架构、企业文化、信息传播途径等情况进行的分析，保证培训规划与组织的价值相一致，从而确保培训取得期望的效果。

通过分析上述内容，组织的最高管理层及培训实施部门就能如实了解组织的具体情况，从而根据组织现状安排培训的相关内容。

2. 工作岗位分析

工作岗位分析的目的在于了解各个工作岗位的详细工作内容，达到理想工作业绩所应具备的知识和技能。这个层次的分析结果决定了设计和编制相关培训课程的内容。工作岗位分析必须邀请实践经验丰富的员工参与调查，以收集完整的岗位信息与资料。

工作岗位分析是培训需求分析各环节中较为复杂的一环，但只有把工作岗位分析做到位，才能根据分析结果编制符合实际需要和适合特殊工作环境的培训课程。

3. 员工分析

培训的对象是企业的员工，因而员工分析就是很好地了解企业员工的现状，获取员工所需培训的内容，以保证培训内容和方法符合员工的特点，从而确保培训取得预期的效果。员工分析的内容主要有以下几个方面：

（1）员工绩效。主要包括员工的工作能力评价、日常工作表现、以往参加培训的情况等。

（2）自我评估。自我评估是以员工的工作清单为基础，由员工就每一单元的工作成果、相关知识和相关技能如实地进行自我评价。

（3）知识技能。以实际操作或笔试的方式检测员工的知识水平和实际工作情况。

（4）工作态度。使用定向的测验或是态度量表对员工的工作态度进行测评。

二、制订培训计划

培训需求确定后，就需要制订培训计划。培训的成功不仅取决于企业发现、识别培训需求的能力，更取决于企业在此基础上制订的培训计划。所谓培训计划是根据企业的发展目标，在对企业员工培训需求分析的基础上，制订培训方案的过程。培训计划包括的内容如图5-3所示。

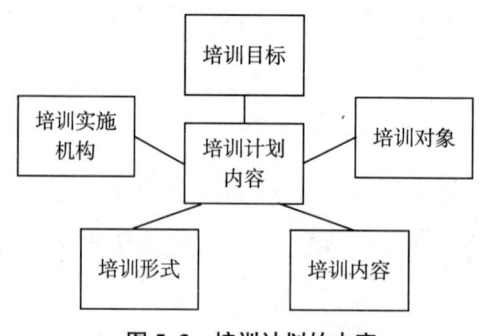

图 5-3 培训计划的内容

（一）培训目标

培训目标是制订培训计划的第一要素，它是一定时期内企业希望达到培训的效果。培训目标的确定有助于培训者检查培训活动是否符合企业培训需求。企业应建立正式的、具体的、可度量的培训目标，培训目标的重点应放在受训者应掌握什么、应达到什么样的水平。

培训目标可以分为规划目标和具体的计划目标。规划目标是整个培训的终极目标，是对规划期内完成多少培训任务、达到什么标准、培训的总人数、培训的质量等的要求。计划目标是规划目标的落实，计划目标更加具体而详细地确定了培训的步骤、内容、时间周期等。

（二）培训对象

企业在开展培训之前，要确定培训的对象，因为不同的培训对象所需的培训内容、形式、时间长短等是不相同的。另外，企业应该根据不同阶段的发展要求，有所侧重地选择所需培训的对象。准确选择培训对象，有助于控制培训成本，强化培训目的，提高培训的成效。

（三）培训内容

培训内容与培训对象是相辅相成的，要想提高和保证培训效果，就要选择好培训内容，并将培训内容提前告知培训对象，使其做好充分的准备工作。由于受训者有着许多个性化的培训需求，因此，在设计培训内容的时候应该考虑到受训者的个性需求，并尽量将培训与员工个人职业生涯相联系。这样不仅能大大改善培训的效果，还可以调动员工参加培训的积极性。培训内容可以包括专业知识、实际技能、创新能力、团队精神、心理素质、职业道德等几个方面。

(四) 培训形式

培训形式直接影响到受训者对培训内容的接受程度,事先确定并告知受训者企业的培训形式便于受训者做好培训的相关准备。培训的主要形式有岗前培训、在岗培训和脱产培训。不同培训类型的具体内容和方式也不同,可在培训计划中依据具体情况作出规定。同时,企业培训人员应根据具体岗位的不同性质,采取合适的培训方式,如生产一线的员工培训,应该更偏向于实操性,进行案例分析以及现场的指导更有效;而对中层管理者进行培训,应该注重系统思维的培养以及对战略执行力的培养,聘请外部专家进行讲座授课会更有效。

(五) 培训实施机构

从实施机构来看,可以有企业内部培训和企业外部培训两种。企业内部培训包括在企业内部场所或企业自己租用的场地,由企业内部人员作为培训师进行的培训,或是聘请外部专家和学者根据企业要求在企业培训基地所进行的培训;企业外部培训是指企业将培训工作完全外包给社会培训或教育机构进行的培训,包括由企业付费的学历教育等。

【拓展阅读】

企业如何选择外部培训机构

(1) 寻求不同培训机构的信息,包括培训课程、机构简介、收费情况等;

(2) 考察培训机构的信誉,了解已接受过该培训机构服务的公司的评价,判断该机构是否能提供你所需要的服务;

(3) 查阅机构的资料来源、版权及需要的语言水平;

(4) 考虑培训项目的培训效果;

(5) 了解机构的培训实力;

(6) 了解讲师的教育背景,工作经历和培训经验等;

(7) 了解培训后是否提供评估和跟踪服务。

三、培训计划的实施

培训计划的实施是指把培训计划付诸实践的过程，它是实现培训目标的途径和手段。具体实施步骤可以分为：

1. 培训准备工作

在培训开始要确认培训时间，准备培训资料和设备，安排好培训教师，通知培训学员具体的培训时间、地点，并将培训材料分发给学员。

2. 培训课程实施

培训课程实施是整个培训的核心阶段。培训的成功需要授课教师与学员的相互配合，并在双方的共同努力下，实现培训目标。

3. 培训考核

在培训结束之后，要对学员的培训情况进行考核，考核可以采取实操、写论文、案例分析等方式进行。对于成绩不合格者采取补考或是安排参加下一次培训。

4. 培训的回顾与总结

考核结束后，企业要对整个培训进展情况和培训效果进行回顾与总结，并提出对以后培训工作的改进意见和方法。

四、培训工作的评估

培训工作评估通常需要从三个层次进行。首先，是针对接受培训的员工进行评价。主要考察员工参与培训的积极性、培训过程中的表现、培训考核成绩以及培训前后情况的对比。其次，是对各个部门进行评估。考察各部门对员工培训的支持度、对员工培训的组织是否得力，并将评估结果与部门的绩效相挂钩。最后，要从整个公司层对员工培训进行评估，考察公司整体的培训效果，并将评估结果存档，作为公司改进培训的借鉴。

【拓展阅读】

培训评估的形式

（1）非正式评估，是指评估者依据主观判断进行评判，缺乏事实和数据的支持。

（2）正式评估，是指以详细的评估方案、测度工具和评判标准进行评估。

（3）建设性评估，是指以改进而不是以是否保留培训项目为目的的评估。

（4）总结性评估，是在培训结束时，为对受训者的学习效果和培训项目本身的有效性作出评价而进行的评估。

培训的效果有时候可能需要一段时间才能体现出来。如员工在培训过程中学到了新的知识，但是并没有立即在他的工作绩效中反映出来，这是因为他需要对所学的知识深入理解领会之后才能在实践中正确运用。因此，培训工作评估应该注意将短期评估与长期评估相结合。

第三节　培训的主要方法

重要的不是知识的数量，而是知识的质量，有些人知道很多很多，但却不知道最有用的东西。

——列夫·托尔斯泰

有效的培训方法是保证培训效果的重要手段，在培训过程中要注意选择恰当的方法。常用的培训方法有以下几种：

一、讲授法

讲授法是培训中适用程度最高、运用范围最广的方法。通常采取集中办班的形式，在固定的场所由授课教师系统地向受训者讲授培训内容。讲授法的关键在于授课教师的选择，因为授课内容的深浅度、全面与否、受训者的理解程度基本取决于授课教师。

讲授法适应性广、易操作，适用于各种内容的培训；经济有效，便于快速大批地培养人才。但是，这种方法是以授课教师为主导，受训者的参与性不强；受训者无法直接体验老师所讲的知识与技能，对培训内容的记忆效果欠佳；受训者理解能力的差异导致培训效果不一。

二、研讨法

研讨法是先由主持者综合介绍一些基本概念与原理，然后参训者围绕某一专题进行讨论的培训方式，研讨法也是一种常用的培训方法。

采用研讨法时，应该注意以下几点：

（一）研讨题目和内容

研讨的选题应具有代表性、启发性以及适当的难度，这是研讨法获得成功的关键。

（二）研讨主持者

主持者既可由教师担任，也可从受训者中选出。

（三）研讨计划

事前必须做好研讨计划，准备研讨资料，明确通过研讨需要解决的问题或得出的结论。

（四）研讨形式

研讨形式可采取集体讨论、分组讨论或辩论的方式。

研讨法培训有利于激发受训者的学习兴趣、参与性与积极探索的精神；有利于提高受训者的综合能力。但是，这种方法只适合于具备一定专业知识和能力的员工，即对受训对象有一定的限制。

三、案例分析法

案例分析法是把实际工作中的情景典型化处理，形成案例，让受训者以独立研究或相互讨论的方式，提出其思考和判断的过程，最后由主持人加以点评的一种培训方法，其目的在于提高受训者分析问题和解决问题的能力。

案例分析法非常直观，受训者容易接受；能够激发受训者的积极性，受训者从案例分析中获得在实际工作中所需的技巧和方法，并增强与他人的沟通能力。但是，想要编写出好而适用的案例是比较困难的，真实的案例又不一定与企业自身的状况相吻合；实施案例分析法需要较长的时间，间接成本比较高。

四、角色扮演法

角色扮演法是预先设置某一情景，为受训者指派一定的角色，但没有既定的脚本。主持者向受训者介绍其扮演角色所处的情景、角色特点、限制条件等，扮演者理解后即可进行即兴表演，令剧情合情合理地进行下去。

角色扮演法能使受训者了解和体验他人的处境、心情、困难，学会易地而处、从对方角度出发考虑问题。该方法要求受训者主动、认真地参与，通过角色扮演，受训者将进一步了解所扮演角色的工作内容、职责以及具体的行为方式。

【案例 5-3】

IBM 如何培训销售人员

角色扮演是 IBM 公司市场营销培训的一个组成部分。公司第一年的全部培训课程都会涉及这个培训方式，并且培训过程始终是持续和客观的。角色扮演能够让学员对所扮演的角色的处境和心情有更深刻的体会，包括进一步明确为什么要推销和期望达到怎样的推销结果。更重要的是，在角色扮演的过程中，学员可以进一步加深对产品特点、性能等各方面的理解。一般来说，学员在培训的时候，IBM会向学员提出各种问题，以检查他们解决问题的能力。

资料来源：http://www.cs360.cn/managers/renliziyuan/peixun/41490/index_2.html。

五、工作轮换法

工作轮换也称为轮岗，就是让受训者在一段时期内从事不同岗位的工作，以丰富其工作的内容，使其获得不同岗位的工作经验。企业在安排受训者轮岗时，应该充分考虑受训者本身的能力、兴趣爱好、个性特征等，以便选择合适的岗位进行轮岗培训。

工作轮换法能够让受训者接触更多不同岗位的工作，使受训者能够更快地找到适合自己的岗位。同时，有利于进一步了解受训者的优势和劣势。但是，受训者在每一个岗位上的工作时间比较短，所获得的知识泛而不精。另外，由于工作的临时性，受训者可能工作态度不认真，甚至于影响所在部门的工作效率。

六、远程教学法

远程教学法是指通过远距离信息技术传输，将学习内容传达给受训者的一种培训方法。远程教学法根据采用的设备不同有多种形式，其中通过互联网进行培训是目前最常用的一种培训方式，即网络培训法。

网络培训大大节约了培训成本，提高了培训的效率，并能快速地获得受训者的反馈，使培训过程易于控制。同时，还能促进受训者与其他受训者共享信息，有效沟通。另外，受训者也可以根据自身情况选择个性化的培训内容。但是，并非所有的培训都可以通过网络进行，而且网络培训效果的真实性较难把握。

培训的方法多种多样,每一种方法都各有利弊,有其适用范围。因此,企业在进行培训时,应根据培训的目标、受训者的特点及企业资源状况等因素综合考虑,选择合适的、成本低、效果好的培训方法。

【案例 5-4】

LG 的网络培训

LG 培训的形式不仅仅限于课堂,相当一部分培训已经采用最新的网络工具来实现,如使用在线培训课程软件进行远程教育等。其培训的新渠道是 IBL 课程,即基于互联网的学习。公司设计了以网络为基础的学习软件,活用网络提供的资源,以远程教育的形式提供有利的学习条件。目前 LG 开发的课程有《新人社员课程》、《社员能力向上课程》。把课程输入到软盘里,每个员工就可以随时随地按照自己的方式进行学习,完成课程中的课题,指导人员会把学习后的评估效果反馈给员工。

资料来源:http://edu.163.com/editor_2002/editor_training/030206/030206_93056.html。

第四节 培训的新模式

未来唯一持久的优势,是谁有能力比你的竞争对手学习得更快。

——彼得·圣吉

随着经济的发展、科技的进步以及人们传统观念的转变,企业希望通过不同的形式来培训员工,让员工更深地融入企业,掌握更多的技能。新的培训模式成为企业的关注热点。

一、拓展训练

拓展训练的发展最早可追溯到"二战"时期，那时候在大西洋上运输物资的船只总会遭到德国的攻击而沉没，许多船员都落水牺牲了，但是还是有一部分人克服重重困难得以生存。后来，人们发现生存下来的并不是身强力壮的年轻人，而是拥有强烈求生欲望的年长者。面对这种情况，汉思等人创办了"阿伯德威海上学校"来训练年轻人的技能和意志。"二战"后，英国就出现了这种模仿真实情境的管理培训，也就成为了现在的拓展训练。

拓展训练主要是利用一些艰难的自然环境，通过设计一些具有新意，并且有一定意图的活动（信任背摔、毕业墙、爬天梯、攀岩等）来锻炼人的意志、勇气和团队精神。在培训过程中，人们的潜力能得到充分发挥，并且成员之间建立起一种牢固的团队协作关系，进而产生一种相互信任、相互依赖的感觉。拓展训练与传统培训方式的不同之处在于传统的培训方式侧重知识的培训，注重知识的积累，而拓展训练更加注重员工综合素质的培训。拓展训练是典型的体验式培训，以体验—分享的形式使员工在精神层面上得到锻炼，增强员工的意志力。通过拓展训练员工会更加深入地理解企业文化，更好地培养团队精神，克服自己的缺点。

二、校企联合

目前，校企联合是企业非常重视的问题。企业要想获得长远的发展，就需要有大量高质优秀的人力资源储量。虽然企业内部培训也能提高员工素质，但是内部培训必然给企业带来成本的增加，针对这一问题，校企联合就很好地解决了培训和成本的问题。

校企联合就是企业和高校合作培养学生，学生既要接受学校通识教育又要接受企业专门的培训，这样就能让学生真正与企业真正所需的人才相匹配。校企联合可以通过开展订单式的教育、合作建立实验室或实验基地、科研项目的合作以及高校与企业人才的交互流动等方式来实现。

三、企业大学

企业大学作为企业培训的新模式,为企业提供了一种系统化、正规化的人力资本投资方式。现今世界500强企业内,超过80%的企业都建立了企业大学。国内很多企业也纷纷建立了企业大学,如海尔、联想集团。

企业大学的建立需要企业愿景规划的支持,同时企业大学也是企业文化的摇篮,企业大学使企业的培训系统化,整合内外培训资源,既可以培养内训师对员工进行内部培训,也可以聘请外部人员进行培训。最重要的一点是,企业大学不仅是企业内部的培训机构,同时也可以成为利润中心,像海尔大学、摩托罗拉大学均已发展为利润中心为其他企业开发培训课程。

珍妮·梅斯特提出了建设企业大学的10个方面:[①]

(一)建立组织机构

该组织机构应该是一个由公司高层以及各部门经理和职工代表所组成的一个团队,这个组织犹如人的大脑,支配着企业大学的正常运行,负责把企业的关键经营战略与优秀人才的培养相结合,从而确定培训内容并开发培训课程。具体如图5-4所示。

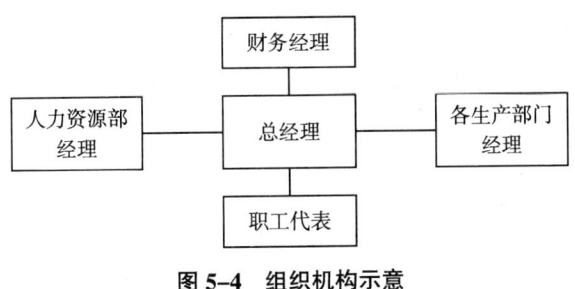

图5-4 组织机构示意

---

① [美] 珍妮·梅斯特. 企业大学——为企业培养世界一流员工 [M]. 徐健,朱敬译. 北京:人民邮电出版社,2005.

（二）形成愿景或使命

愿景是让所有关键利益相关者留下持久印象的未来景象。愿景通常可以成为人们奋斗的目标。

如金蝶大学的使命：培养适应中国应用软件发展的高素质的专业人才。在这一愿景下，金蝶大学形成了这样的目标：1~2年内成为中国ERP行业内拥有高知名度和美誉度的公司大学，实现课程层次化、范围多元化、师资职业化、培训市场化，3~4年内成为软件行业的最优秀的公司大学。

（三）筹资

资金是企业大学建立初期必须关注的问题。要解决这一问题一般是要让企业的高层管理者看到企业大学的投资回报率，从而投资企业大学。当企业大学发展到对外培训时，企业大学将成为企业的另一个利润中心。

（四）建立教学设施

教学设施包括教学大楼、多媒体设备等。教学大楼在中国体现了中国人对教育的一种崇高的敬意。所以，教学大楼的建设可以增加员工对企业大学的重视。海尔大学园林式的教学园区使人们对这所大学产生向往。多媒体设备等现代技术的应用可以提高组织学习的效率。如利用内联网或电子绩效系统在工作地点开展潜入式学习、远程教育，甚至在电脑上建立集中式学习实验室，可以使员工在休息时间进入并学习。

（五）界定培训对象

面对不同的培训对象，企业大学所要开发的培训课程也是不一样的，因此，要确定企业大学服务的对象才能进行下一步的课程设计。企业大学与传统培训部门的区别之一在于，企业大学的服务对象广泛，它服务于整个价值链，不仅包括员工，还包括在价值链一端的供应商和另一端的顾客。

（六）课程设计

梅斯特认为，课程设计应该围绕"3C"原则来进行：

企业公民（Corporate Citizenship）：向所有层次的员工反复灌输企业的文化、价值观、传统和愿景。

环境框架（Contextual Framework）：让所有的员工正确评价企业的业务、顾客、竞争对手和其他企业的最佳实践。

核心职场能力（Core Workplace Competencies）：培养员工具有一定界定企业竞争优势的核心职场能力。

基于"3C"原则，在设计课程内容时应该将课程内容本地化，用企业内部员工熟悉的案例进行教学，更有针对性。海尔大学很好地应用了这一原则。首先，海尔大学作为海尔文化的传播者，通过各种培训课程为企业中高层管理人员"洗脑"。其次，海尔大学将日常出现的问题编写成案例用于教学。最后，海尔实行的"海豚式升迁"机制，促使海尔大学的课程更系统化，更好地服务于公司的发展。

【拓展阅读】

海豚式升迁

海豚式升迁是海尔培训的一大特色。其灵感来源于海豚的特点，即海豚下潜得越深，当它跳起来的时候，跳得就越高。海尔的海豚式升迁就是强调员工的升迁是从基层培训开始，力求让员工的综合素质得到提升，以积蓄能量，最终将自己最大的潜能发挥出来。

简言之，就是培训始于基层，以帮助员工打下坚实的基础。

（七）选择学习伙伴

好的学习伙伴能够帮助企业大学更有效地实施培训。虽然企业大学也有培训的功能，但是由于员工知识更新速度快、培训成本和效率等问题，企业还需要选择一定的学习伙伴，以弥补企业大学的不足之处。学习伙伴主要包括咨询顾问、高校、企业培训服务商、营利性的教育机构等。

（八）创造一种教学文化

企业中高层管理者自身肩负着开发培训课程的责任，他们把自己在工作中遇到的案例,通过培训的方式传授给企业的员工,使员工更快地掌握培训课程。这样,可以形成一种企业自身的教学方法,更具有针对性。

(九) 建立衡量系统

创立企业大学的主要目的是培养与企业关键经营战略相联系的持续学习的文化。建立衡量系统既可以调动各级人员参与培训的积极性,又可以保证培训质量。企业大学的衡量系统应该既有传统的考核方式,如培训课时数、课程开发目录以及顾客和员工的满意度等,还应该与企业绩效相结合,对培训结果进行动态考核。

(十) 沟通

在企业大学建立之初,到逐步形成,并最终完善这一整个流程中,沟通始终是一个非常重要的问题。成功的沟通就是要能有效地传达企业大学的价值,有助于几百或几千员工了解这一决定背后的目的、原因和本质。这种沟通必须解决普通员工对企业大学的疑问,使员工了解与创立企业大学相关的全局情况。

本章小结

本章主要介绍了培训的概念和类型、培训的基本程序、培训的主要方法、培训的新模式。

培训可分为岗前培训、在岗培训和脱产培训。培训的内容通常包括知识培训、专业工作技能培训、创新能力培训、团队精神培训和心理培训。

培训的基本程序包括培训需求分析、制订培训计划、培训计划的实施、培训工作的评估。

培训的方法主要包括讲授法、研讨法、案例教学法、角色扮演法、工作轮换法以及远程培训法等。每种方法各有优劣,企业应根据具体情况选择恰当的培训方法。

培训的新模式主要介绍了拓展训练、校企联合、企业大学。

第六章 绩效管理

开篇案例

某公司的绩效管理

A公司总部会议室，赵总经理正在认真听取上一季度公司绩效考核执行情况的汇报，其中有两种情况让他很为难：一是通过绩效考核排序后，成绩排在最后的几名员工却是在公司干活最多的人。因为是绩效工资制，那么这些员工是该按照考核的结果进行降职和降薪？二是人力资源部提出要装备一套人力资源管理软件来提高统计工作效率的建议，但一套软件能否真正达到支持绩效提高的效果？

A公司有一套属于自己的绩效管理制度。这套制度，用人力资源部经理的话说是细化传统的德、能、勤、绩四项指标，同时突出工作业绩的一套考核办法。其设计的重点是将上述四个方面细化延展成十项指标，并把每个指标都量化出五个等级，同时定性描述各等级定义，考核时只需将被考核人实际行为与描述相对应，就可按照对应成绩累计相加得出考核成绩。

该考核体系的出发点很好，但是考核结果却不尽如人意：实际工作比较出色的员工和积极的员工，考核成绩却常常排在多数人后面，而一些工作业绩并不出色和工作有些错误的员工却排在前面；少数管理人员对这种统一的考核体系产生了强烈的抵触情绪；除此之外，统计考评分数的工具比较原始，考核成绩统计工作量太大，人力资源部只有3名员工，却要统计总部二百多名员工的考核成绩，每个员工平均有十四份表格，统计、计算、平均及排序发布，最后还要和这些员工分别谈话。在进行考核的一个半月中，人力资源部几乎都在做这一件事情，连其他事情都耽搁了。

很好的绩效考核管理体系为何没有发挥它应有的作用，反而给公司带来了不便？因而，从上述案例来看，绩效管理不是一件"赶时髦"的事，它需要管理人员密切结合企业的实际情况，并且灵活地运用，才能更好地发挥作用。

资料来源：http://zhidao.baidu.com/question/154097449.html.

【案例启示】绩效管理是人力资源管理中一个关键的组成部分，它在很大程度上影响着员工的薪酬水平。因此，如果企业的绩效管理工作没有做好，将会导致员工的工作热情减退，工作积极性下降，最终导致企业的生产力下降。

本章您将了解到：

● 绩效和绩效管理的含义

● 绩效管理与绩效考核的区别

● 绩效管理的四个阶段循环过程

● 绩效考核的方法

第一节 绩效管理概述

绩效管理不仅是要找出员工绩效不佳的方面，还要找出绩效不佳的原因。

——佚名

一、绩效的含义及特点

(一) 绩效的含义

绩效是一个多视角的问题，从不同的角度出发，绩效的含义也各不相同。本书中，绩效是指在员工在工作过程所表现出来与实现组织目标相关的行为和工作结果，并且这些行为和结果能够用来评价员工的工作完成情况、工作态度和工作能力。其中，工作态度和工作能力是员工工作过程中所表现出来的行为，而工作完成情况则是指工作结果。

(二) 绩效的特点

绩效具有多因性、多维性和动态性等特征。多因性是指员工的绩效受多种因素共同影响，包括与工作相关的知识、能力、工作条件、工作环境、激励水平等。多维性是指绩效体现在多个方面，工作结果和工作行为都是绩效的考察范围。需要注意的是，各个维度在绩效中的地位和重要性根据岗位的不同而有所不同。员工的工作绩效并非固定不变，而是会因某些因素的变化而发生变化，原来差的可能变好，原来好的也可能变差，这就是绩效的动态性。因此，当我们提到员工的绩效时总是针对具体时期而言的，绩效具有一定的时效性。准确把握绩效的这些特点是进行绩效管理的基础。

二、绩效管理的含义

所谓绩效管理，是指组织为了确保组织目标的实现，以及判断组织成员目标实现的情况而建立的一系列指导、监督、激励、奖励的绩效框架，以此来监测各级部门和员工工作状况的持续循环过程。绩效管理的最终目的是通过绩效考核提升组织和组织成员的绩效水平。

一般而言，绩效管理包括如下三个特点：

（一）绩效管理是一个循环系统

通过持续不断的管理循环过程实现绩效的改进。它不仅强调绩效的结果，更重视绩效目标的实现过程。

（二）绩效管理强调的是整体绩效

绩效管理的目标不仅仅是提高员工的个人绩效，它更关注部门绩效与组织绩效的提高。

（三）绩效管理强调沟通

在绩效管理的循环过程中，每一环节都需要各级管理人员与员工之间进行有效的沟通，从而实现绩效改进的目标。

三、绩效管理与绩效考核的区别

很多人将绩效管理等同于绩效考核，实际上绩效管理与绩效考核虽然有一定的联系，但是它们是不同的概念，两者有着本质的区别。

绩效管理是通过绩效管理循环过程，对个人、部门、组织绩效的持续改进；而绩效考核是采用一定的方法对员工一定时期内的工作情况进行考核，并将考核结果作为加薪、晋升、解雇等人事决策的依据。因此，绩效考核只是企业绩效管理过程中的一个具体环节。绩效管理与绩效考核的区别如表6-1所示。

表 6-1 绩效管理与绩效考核的区别

绩效管理	绩效考核
绩效管理循环过程	绩效管理过程中的一个环节
伴随管理活动的全过程	只出现在考核阶段
强调事前的沟通	关注考核的结果
绩效计划的制订、实施、考核、反馈以及运用	确定考核方法、对象，实施考核

四、绩效管理的作用

绩效管理是人力资源管理工作中的重要内容，它的作用和意义主要体现在以下几个方面：

（一）绩效管理有利于员工绩效的提高

绩效是员工工作的成果，是衡量员工工作最为关键的因素。因而，绩效不可避免地与员工的工作满意度、员工感知的组织公平性、员工的激励等有着十分密切的联系。在绩效评估或绩效反馈时，管理者通过沟通及时发现员工工作中存在的问题，给员工提供必要的工作指导和资源支持，员工通过工作态度以及工作方法的改进，保证绩效目标的实现。简言之，有效的绩效管理系统能够激励员工努力工作，提高员工的工作绩效和满意度，并达到提高企业整体绩效的目的。

（二）绩效管理有利于增强员工行为与企业目标的一致性

绩效管理通过设定科学合理的组织目标、部门目标和个人目标，为企业员工指明了努力方向。另外，绩效考核指标对员工的行为具有导向作用，当考核指标是根据企业目标制定时，就能够将员工的行为引导到企业目标上来。例如，当员工的行为有利于企业目标的实现时，对其进行绩效评定时持肯定态度，即正向反馈，这有利于员工重复这种行为。

（三）绩效管理有助于人力资源管理的科学化，进而实现其他决策的科学化

绩效管理是人力资源管理的核心内容，也是企业管理的一个重要环节。有效的绩效管理能够激发员工的工作积极性和创造性，并为薪酬管理提供了科学的、准确可靠的信息，从而提高了决策的准确性及合理性。

第二节 绩效管理的过程

绩效管理是一个循环系统，各个阶段环环相扣。

——佚名

企业绩效管理的过程可以分为四个阶段：绩效规划、绩效实施、绩效考核、

绩效反馈，四个阶段循环进行，形成一个系统，如图 6-1 所示。

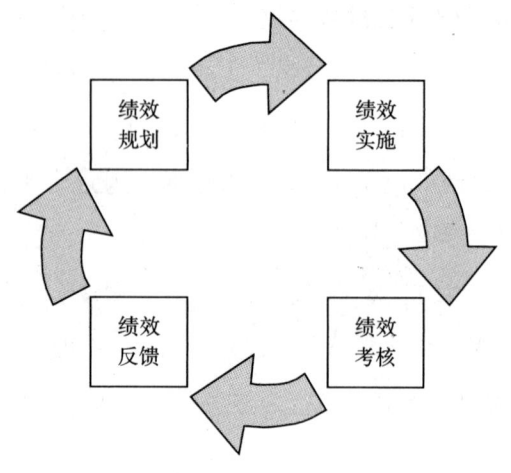

图 6-1　绩效管理是一个循环系统

一、绩效规划

绩效管理的最终目标是改善员工的工作绩效，实现公司的战略目标。因此，绩效规划需要把战略目标层层分解，依次得到公司层面、部门层面以及员工个人的绩效目标。公司和部门层面的绩效目标可以根据企业及所在行业以前的数据进行分析并结合公司的战略进行制定。员工个人的绩效目标关系到员工的切身利益，所以应当谨慎。

员工个人绩效目标的设定过程是一个员工与管理者双向沟通的过程，这一过程包括三个阶段。

（一）准备阶段

成立专门的绩效目标制定小组，一般由人力资源部门的人员、员工直接上级、员工本人组成。同时还应该准确了解该考核时间段内公司层面的绩效目标、部门层面的绩效目标，该员工的岗位职责以及以前的绩效考核结果同样可以作为新的绩效目标的参考依据。

（二）沟通阶段

这是绩效目标的形成过程。在这个过程中员工应该有充分的话语权，以使绩效目标更具有激励作用。这个阶段要解决五个问题：员工要完成什么工作？在什么时间段内完成？用什么样的方式完成？用到什么资源？公司可以提供什么样的资源？

（三）形成阶段

经过沟通达成双方满意的绩效目标应该符合 SMART 原则：即 S-Specific（具体的）；M-Measurable（可衡量的）；A-Attainable（可达到的）；R-Realistic（现实的）；T-Time-bound（有明确的时间期限）。

二、绩效实施

制定了绩效目标之后就要确保绩效目标的实现，在绩效实施这一阶段，员工的上级管理人员应该对员工给予绩效辅导，时刻跟踪员工的绩效完成情况，帮助员工解决工作过程中的问题，以保证员工绩效可以顺利完成，提高员工工作满意度。

这一阶段，沟通成为主要任务，上级管理人员可以采用正式的绩效沟通方式，如定期的工作会议，一对一的面谈，书面工作报告等；也可以采用非正式的沟通方式，如开放式办公，走动管理等。在进行绩效辅导时应注意沟通技巧，营造和谐的沟通氛围，学会积极倾听。

【拓展阅读】

绩效沟通中应该注意的问题

（1）做好沟通准备。协商好沟通时间，选择合适地点并准备好资料。

（2）清楚说明沟通目的，让员工明白这次的沟通要解决的问题是什么，或员工在工作中出现了哪些问题。

（3）保持沟通的双向性。

(4) 分析问题，解决问题。在分析问题时要从两方面进行分析，不要抓住员工的错误不放，应该宽容地对待员工，帮助员工解决面对的问题，同时对员工表现好的方面给予表扬，以提高他的工作积极性。

(5) 适当做好记录。为以后的沟通提供参考资料。

三、绩效考核

绩效考核是企业绩效管理过程的重要环节，分为两个阶段：准备阶段、实施阶段。

（一）准备阶段

本阶段是绩效考核活动的基础和前提。主要解决五个问题：

1. 明确绩效考核的对象和各个层级的关系

也就是说，解决"考评谁"和"谁来考评"两个问题。

2. 根据绩效考核的对象，选择正确的考核方法

即回答"用什么方法"来考核这一问题。在确定具体的绩效考核方法时，应当充分考虑三个重要的因素：工作实用性、管理成本和工作适用性。

3. 分解考核目标

根据考核的具体方法，将企业各类人员的绩效考核目标分解为绩效考核要素和绩效考核标准，就是要明确"考核什么，根据什么标准进行衡量和评价"。考核要素及考核标准的制定应该与员工进行沟通，让员工参与进来可以使绩效考核公平有效。

4. 提出具体要求

对绩效考核的运行程序、实施步骤提出具体要求，明确"如何组织实施绩效考核的全过程，在什么时间做什么事情"。

5. 确定绩效考核的周期

考核周期是指对员工进行一次绩效考核所需要的时间。考核周期的确定需要考虑指标的性质、职位、考核标准等因素。

(二) 实施阶段

这一阶段主要包括沟通和考核两项工作，具体内容如下。

1. 沟通

在绩效考核这一阶段，沟通主要是指向员工反馈绩效得分，并征求员工的意见。沟通在这一阶段非常重要，因为员工的绩效得分关系到他的薪酬，如果员工的实际绩效得分与他预期的得分不一样，很可能影响他的工作满意度以及工作积极性。同时有效的沟通可以增加员工的公平感。

2. 考核

绩效考核就是在考核周期内，选择相应的考核主体和考核方法并收集相关的绩效信息，对员工完成目标的情况做出评价。

一般来说，考核主体分为五大类：上级、同级的同事、下级、客户以及员工本人。由于不同的考核主体掌握的关于某个员工的绩效信息存在差异，而且对员工绩效的看法也不相同，因此，企业应当根据考核指标的性质来选择考核主体，并结合不同考核主体的评价情况综合分析，尽量消除考核的主观性和片面性。

绩效考核工作是企业人力资源管理的中心环节，是对员工一段时间内工作表现的衡量，也是决定员工收入、晋升、降职等的依据。可以说，绩效考核的结果与员工的切身利益紧密相连，因此，在进行绩效考核时，要避免出现以下问题：

（1）考核指标不明确。考核指标也就是绩效考核的要素，它是绩效考核的核心内容。缺乏明确考核指标的绩效考核难以做到公平、公正，考核结果难以令员工信服。绩效考核指标不明确，员工就不清楚企业的考核是从哪些方面进行的，也就不知道应该从哪里入手去改进和提高自己的工作绩效。这种情况下，员工就会陷入迷茫，工作的积极性也会受到影响，最终导致企业整体士气降低，工作效率下降。

（2）考核过程不规范。一些企业没有形成科学的考核体系，考核不按照流程进行,考核方法也不合理。这就导致一些不良行为的产生,如有些考核人员碍于情面或怕得罪人,在实施考核时评分过于趋中,以求结果"皆大欢喜";或是实施考核时以权谋私、打击报复等。这样的考核过程缺乏科学性和客观性,那些在工作上付出多、成绩好的员工在绩效考核结果中体现不出来,这无疑会挫伤他们的工作积极性,并引发员工对企业的信任危机。

(3)考核结果没有与奖励相挂钩。奖励不仅包括物质奖励,还包括企业为员工提供的晋升机会、福利等。如果考核的结果没有与员工期望的目标相挂钩,或者说员工努力取得的高绩效并没有为他们带来任何收益,那么绩效考核的结果就不再具有激励作用,员工也就不会再为实现高绩效而努力。这样的绩效考核就失去了它的作用和意义,而且可能引发员工采取不正当的手段去获取他们想要的东西。

【案例6-1】

绩效考核伤了小张的心

某公司2009年的员工绩效考核工作结束,小张被评为优秀(公司的考核结果分为优秀、良好、基本称职、不合格)。他很开心,因为这说明他的工作得到了公司的认可和肯定。

小张是一名销售人员,这一年里他的销售业绩在公司是有目共睹的。他有着丰富的工作经验,并且工作极富热情,许多客户都对他加以赞扬。可以说,他的表现是很突出的。但是这次考核却深深地伤了他的心。因为他了解到同一部门的小李也是优秀。小李业绩不好,平时工作也不怎么积极,这样的人怎么能得优秀呢?

后来,在公司,他听同事聊天才知道,原来公司所有人都是优秀,除了一些表现特别差的。这让小张觉得公司的绩效考核简直就是形同虚设,绩效好与不好根本就不是考核的标准,这让小张对公司产生了强烈的不满。没多久,小张就跳槽了。

资料来源:http://www.doc88.com/p-975197327148.html。

四、绩效反馈

管理人员除了将绩效考核结果反馈到员工本人，帮助其找出改进绩效的途径之外，还应以此为依据进行工作总结，并根据新的经济形势、公司的发展状况提出下一阶段的绩效目标，从而进入下一个绩效循环。

同时，考核结果应运用到人力资源管理的其他职能中去，真正发挥绩效管理的作用，其运用包括两个层面：一是根据考核结果直接做出相关的奖惩决策；二是对绩效考核的结果进行分析，为人力资源管理的其他工作提供指导或帮助。

为了便于绩效考核结果的运用，往往需要将考核结果做进一步的分析，并将结果划分为不同的绩效项目，一般可以分为工作能力、工作业绩、工作态度等项目。当绩效结果用于不同的方面时，各绩效项目在最终结果中所占的权重也有所不同。

第三节　绩效考核的方法

方法如同钥匙，对的方法可以开启困难之锁。

——佚名

绩效管理通常是组织人力资源管理体系的一个有机部分，其运行结果受制于该组织相关的人力资源制度完善程度，例如，绩效评估的申诉、干部培训和选拔、薪酬的年度调整等。因此，绩效管理中的任何一个环节都会受到整个组织人力资源政策的影响。在绩效管理过程中，绩效考核是最关键也是最重要的环节，企业应掌握不同的绩效考核方法，根据企业文化氛围选择合适的考核方法，同时确保考核结果客观、公正。这里介绍几种常用的绩效考核方法。

一、比较法

比较法是指对员工绩效进行比较，并按照绩效的相对优劣进行排序。常用的比较法包括：简单排序法、交替排序法以及配对比较法。

(一) 简单排序法

简单排序法也称为序列评定法，是指将员工按照工作绩效由高到低进行排列。这种方法简单易行，但是准确性不高，只能得到员工相对的绩效情况，并且考核的人数不能太多，一般只适用于那些规模小、业务单一的企业。很多企业利用这一方法进行末位淘汰或末位惩罚来刺激员工，已达到提高员工绩效的目的，但这不利于提高员工的工作满意度。

(二) 交替排序法

交替排序法也叫做间接排序法，具体的操作方法是：先由上级主管人员按照绩效考核的标准以及员工的工作表现选出绩效最好的员工，将其排为第一名，再选出绩效最差的员工，将其排为最后一名；接下来再从剩下的员工中选出绩效最好的和最差的，将他们分列为第二名和倒数第二名……按照这个挑选规则依此循环下去，直到排完所有员工，形成一个完整的绩效排列次序表。这种方法操作简单，效率高，结果清晰，但是却会让员工内部关系日趋紧张，给员工带来巨大心理压力。

(三) 配对比较法

配对比较法就是依据各个考核要素将每一位员工与其他所有的员工进行比较，然后根据比较结果排列出他们的名次。如现在要对甲、乙、丙、丁、戊五位员工进行配对比较，在进行两两比较时，较好的一方记"+"，较差的一方记"-"，最后统计出这五位员工获得的"+"号数，"+"号数最多的则为绩效最好的（见表6-2）。

表6-2 配对比较法

被考核员工	甲	乙	丙	丁	戊	"+"合计
甲		−	−	−	−	0
乙	+		−	+	−	2
丙	+	+		+		3
丁	+	−	−		−	1
戊	+	+	+	+		4

根据比较结果，我们可以看出绩效由高到低的排列为：戊—丙—乙—丁—甲。

这种方法比前两种比较法的准确度要高，但当员工人数较多时，则要耗费大量时间。

二、强制正态分布法

强制正态分布法是先划分绩效考核结果等级，按照正态分布的原理强制性地确定出各个等级的比例，最后按照比例，根据员工表现归入对应的等级中去。该方法能为实施末位淘汰制提供较好的决策依据。如某公司将员工的绩效划分为优、良、中、较差、不合格五类，并确定每种类别中员工人数的比重分别为：10%、20%、40%、20%、10%，然后根据员工的绩效情况，将他们划分到各个类别中（见表6-3）。

表6-3 某公司员工绩效考核的强制正态分布法

类别	优	良	中	较差	不合格
比例	10%	20%	40%	20%	10%
员工姓名	王××	李× 张××	孙×× 周× 吴×× 郑×	曾× 陈××	鲁××

强制正态分布法易于操作，而且能够有效地避免考核者产生的趋中效应、扩大化倾向。但是不能准确反映每位员工的绩效情况。

运用强制正态分布法时要注意以下几点：

1. 运用强制正态分布法时，必须考虑组织管理是否成熟

一般来说，成熟的组织管理具有以下特征：组织结构基本稳定，组织有明确的发展规划和清晰的战略决策，组织运作状况良好，组织成员对组织目标有一致的认同感，组织凝聚力较强，成员流失现象不明显等。只有成熟的组织管理才能确保考核的合理性。

2. 划分绩效等级的标准必须公正、公平、可信，这样才能真实地反映员工的绩效情况

要注意的是，有时考核的结果很难达成预期的分布比例，这时也要慎重地对待考核的结果。

3. 确保组织文化能与强制正态分布的理念相适应

强制正态分布是为了让组织内部高效运作，实现组织的良性竞争，这时单纯地以人为本的组织文化可能就会带来一些矛盾，因而要让组织成员树立全局意识和团队意识，这样才能理性地看待考核结果。

三、量表评价法

量表评价法是一种简单、应用广泛的工作绩效评价方法。它列出一系列组织绩效的构成要素，然后针对每一位员工在每一要素上的表现进行评价，不同的表现对应了不同的分数，最后，将员工所得到的分数进行加总，这个总分数就是该员工的工作绩效评价结果。

量表评价法的具体步骤为：①列出所确定的绩效评价要素，并将每一要素划分为不同的绩效等级，给每一个等级赋予相应的分数；②对每位员工的具体表现情况进行评价，确定每一绩效要素的得分；③将员工的各项分数进行加总，计算出每一位员工的总分数。如某公司对销售人员的考核采用量表评价法如表6-4所示。

表 6-4　量表评价法

姓名：王莉		部门：销售		职务：销售员		考核日期：2009-12-20	
评价要素	评分尺度	优	良	中	较差	差	得分
专业知识		5	4	3	2	1	4
决策能力		5	4	3	2	1	2
沟通能力		5	4	3	2	1	5
市场开拓能力		5	4	3	2	1	3
创新能力		5	4	3	2	1	4
总分							18

量表评价法的优点是：实用性强；易于理解；能够提供绩效的量化结果。但是，这种方法也存在一些问题，主要包括：无法提供改善和提高绩效的方法；没有明确的等级划分标准；可信度和精确性不高。

四、关键事件法

关键事件法就是考核者将每一位被考核员工在工作中所表现出来的对实现组织目标有积极意义的行为和那些对组织产生消极影响的行为记录下来，从而确定员工绩效的考核方法。关键事件法关注的焦点是员工有效和无效的行为。因此，考核者要对员工的关键行为进行记录。

通常可以依据STAR原则记录关键事件。其中"S"代表Situation（情境），记录事件发生的情境；"T"代表Target（目标），记录事件发生的原因和事前的目标；"A"代表Action（行动），记录员工当时所采取的行为；"R"代表Result（结果），记录员工行为所导致的结果。

关键事件法能够将考核与组织目标相结合，它能使员工认识到自己的行为表现，是对员工工作情况的一种反馈，而且能够有针对性地改进员工绩效。但是，关键事件法不适合于复杂性高的工作，而且其考核结果无法在员工之间进行比较，考核结果不能直接作为员工的薪酬、晋升、解聘等的决策依据。

【案例 6-2】

依据 STAR 原则进行的关键事件记录

小王是公司的安全主管,负责公司的生产安全工作,保证公司的正常生产。小王所在公司是一家新建的公司,安全部门有 20 人,但只有他一名管理人员。这天,刚好小王在家休班,突然接到电话说公司装配部门出现事故,厂区起火。小王指示他们迅速组织员工撤离,并控制火势。随后自己亲自赶到现场指挥工作,经过大家的努力,在最短的时间内扑灭了大火,减少了公司的损失。

用关键事件法的 STAR 原则把这件事记录下来:当时的情景 S 是:小王在家休班,公司突然失火。当时的目标 T 是:在最短的时间内灭火,减少员工伤亡,公司损失。当时的行动 A 是:小王迅速指示在场员工撤离,并控制火势,最后立刻赶到现场。当时的结果 R 是:无人员伤亡,在最短时间内扑灭了大火,减少了公司损失。

资料来源:http://www.mie168.com/read.aspx。

五、行为锚定评价法

行为锚定评价法是将关键事件法与量表评价法相结合的一种评价方法,因此它结合了两种方法的优点。该方法的具体操作步骤为:确定关键事件;将关键事件分类;确定绩效指标的评分标准;建立最终的行为锚定评价表。

如某公司考评销售人员绩效时采取了行为锚定评分量表。针对"服务质量"这一指标的行为锚定评分量表如表 6-5 所示:

表 6-5　行为锚定评分量表

姓名:	部门:	职务:	评价日期:
评价指标	服务质量		
评价等级	行为表现		对应分数
七	目光长远,与客户结为友好伙伴关系		7

姓名：	部门：	职务：
六	挖掘顾客的潜在需求，起到专业参谋的作用	6
五	主动为顾客提供更多的服务	5
四	有责任心，能够主动承担责任	4
三	能够与客户保持紧密的沟通	3
二	能够热情积极地回答顾客的问题	2
一	消极对待顾客，回答客户问题没有耐心	1
	得分	

行为锚定评价法的优点主要体现在：各个考核指标相对比较独立；考核尺度更加精确；具有良好的反馈功能，能将企业战略和期望行为有效地结合，向员工提供指导和信息反馈，以企业目标为导向，改善员工行为。

行为锚定评价法的缺点有：设计费力且费时，成本较高；各绩效等级的锚定说明有时过于简单，很难实现员工的行为与等级说明的准确吻合；该方法是以行为为导向，所以在评价的时候是以过去的行为作为考核对象，而不是针对预期的工作目标。

行为锚定评价法是一种偏向于对过程进行考评的方法，使用这种方法时需考虑的因素有：①岗位适用性。行为锚定评价法适用于生产操作类岗位、部分销售类岗位、行政事务类岗位、售后服务类岗位等，而不适用于管理类、研发类岗位。②指标性质。行为锚定评价法适用于对工作能力与工作态度的评价，不适用于评价工作业绩。③企业工作分析的水平。行为锚定评分量表中的每一个标准的或典型的工作行为都来源于对岗位的工作分析，因此，高水平的工作分析是重要的前提。

六、混合标准量表法

同行为锚定评价法一样，混合标准量表法也是一种常用的测量工作行为绩效的方法。混合标准量表中包含每三条为一组的若干组描述性语句，这三句话分别用来描述同一个绩效指标的高、中、低三个水平的行为表现。这些描述语句是随机排列的,在考评的时候,考评员依据员工的具体工作表现,对照绩效标准描述,逐条进行评判,指出员工的行为表现是优于、劣于还是基本相当于所确定的标准行为,并用相应的符号表示。如果员工的实际表现优于标准的描述则用"+"来表示;如果员工的实际表现不及所描述的标准行为,则用"-"表示;如果员工的实际表现与所描述的标准相当,那么用"0"表示。绩效指标的高、中、低描述句后获得的评定符号存在七种可能的组合(见表6-6)。

表 6-6 混合标准量表

高	-	-	-	-	-	0	+
中	-	-	-	0	+	+	+
低	-	0	+	+	+	+	+
得分	1	2	3	4	5	6	7

当某一绩效指标的高、中、低均为"-"时,说明员工在该绩效指标上的实际表现低于企业所要求的标准,因此只能获得1分;反之,当三条描述句后所获的均是"+"时,这说明员工的实际工作表现优于企业的高标准,因此可以获得最高分7分。

混合标准量表法的优点有:①设计和操作都比较简单;②可以有效地减少考评者的主观性偏差。

混合标准量表法存在一些不足,主要体现在:该方法以行为作为导向,而无法根据预期的工作目标进行考评,而且评价时也会在一定程度上影响正在作业的员工。不同的考评者可能会对不同水平的描述语句存在理解上的偏差,导致绩效考评的结果不具有稳定性。

【案例 6-3】

使用混合标准量表法对某公司办公室职员进行绩效考评

某公司为了考核办公室员工的绩效,采用混合标准量表法进行考核。公司选取了三个绩效指标,即工作效率、工作自信心以及工作汇报质量。每个指标各有高、中、低三个度量标准,并且每个标准有三条描述语句。其中,1、4、7分别表示工作效率的高、中、低三个水平；2、5、8分别代表工作自信心的高、中、低三个水平；最后，3、6、9分别代表工作汇报质量的高、中、低三个水平。某一位员工的绩效评价如表6-7所示：

表6-7 某办公室职员的混合标准量表（节选）

序号	标准行为表现	评定结果
1	工作效率高，能够按照进度完成工作任务	0
2	自信心强，遇事果断冷静	-
3	口头、书面报告内容清晰，详尽周到	+
4	工作效率一般，通常能够按时完成工作任务	+
5	能对工作有较好把握，偶尔会犹豫	+
6	汇报内容较为完整，结构也较为合理，有时需要做适当调整	+
7	工作效率不高，有时甚至不能如期完成工作任务	+
8	处理问题不够果断，偶尔会回避退缩	+
9	有时汇报没有条理性，内容残缺，需返工	+

该员工的绩效评价得分情况如表6-8所示。

表6-8 某办公室职员的部分绩效指标得分

	高	中	低	得分
工作效率	0	+	+	6
工作自信心	-	+	+	5
工作汇报质量	+	+	+	7
绩效总分				18

资料来源：段波.混合标准量表法在绩效标准体系设计中的应用[J].中国劳动，2005（7）.

七、关键绩效指标（KPI）法

企业的关键绩效指标是反映个体对组织关键业绩贡献大小的一系列指标，它是一种衡量绩效的量化管理指标，是衡量工作完成效果最直接的方式。

关键绩效指标分为四种类型：数量、质量、成本和时间。它的建立过程步骤如下：首先，要明确企业的战略目标，并找出企业的业务重点，这些业务重点即是企业的关键经营领域。也就是说，这些业务重点是评估企业价值的基础和前提。确定业务重点以后，再找出这些关键领域的关键绩效指标（KPI），即确定影响企业战略目标的关键因素。然后，初步设定绩效指标。最后，在指标体系确立之后，还需要制定评价标准。评价标准要量化、细化，而且要将制定好的评价标准向所有员工公布，确保考核公平、公正。

关键绩效指标法的特点是：①以战略目标为导向，各个层级的KPI均源于企业的战略目标；②KPI是对员工绩效中可控部分的衡量，剔除了环境和他人对员工工作施加影响的因素；③对重点经营活动而不是所有业务进行衡量，使各职位的员工都集中精力去处理对战略实现有最大驱动力的业务；④KPI是组织上下都认同的指标，它的制定是上级和员工共同参与的过程；⑤通过定期检测KPI执行的结果，管理人员可以清晰了解经营领域中的关键绩效参数，及时诊断存在的问题，并采取行动予以改进。

但是，当关键的绩效指标模糊不清或是不现实的时候，这种绩效考核的方法就会失效。因此，在使用KPI考核方法的时候，一定要注意关键指标的提取，另外，评价要准确、客观，而且对同类人员的评价要严格把握同一尺度。

八、平衡计分卡法

平衡计分卡（Balanced Score Card），源自哈佛大学教授Robert Kaplan与诺朗顿研究院（Nolan Norton Institute）的执行长David Norton所从事的"未来组织绩效衡量方法"一种绩效评价体系，当时该计划的目的，在于找出超越传统以财务量度为主的绩效评价模式，以使组织的策略能够转变为行动。

平衡计分卡是指从财务、顾客、内部流程、学习与发展四个角度来确定组织的绩效指标，以考核组织的整体绩效。平衡计分卡的四个维度表明了企业需要拥有能够不断学习、持续创新的员工（学习与发展），才能确保企业稳定运作和持续改进（内部流程），使企业能够将最好的产品提供给顾客，创造顾客价值（顾客），从而带给股东最大的收益（财务）。这四个指标之间是相互联系、相互驱动的，它们之间的关系就充分展示了组织的发展状况以及战略发展的轨迹。

可以看出，之所以称为"平衡计分卡"，是因为这种方法通过财务与非财务考核手段之间的相互补充关系来"平衡"绩效的评价，也"平衡"了定量评价与定性评价、客观评价与主观评价、组织的短期增长与长期发展以及组织的各个利益相关者的期望。总之，就是完成了绩效考核与战略实施过程。平衡计分卡的基本框架如图6-2所示。

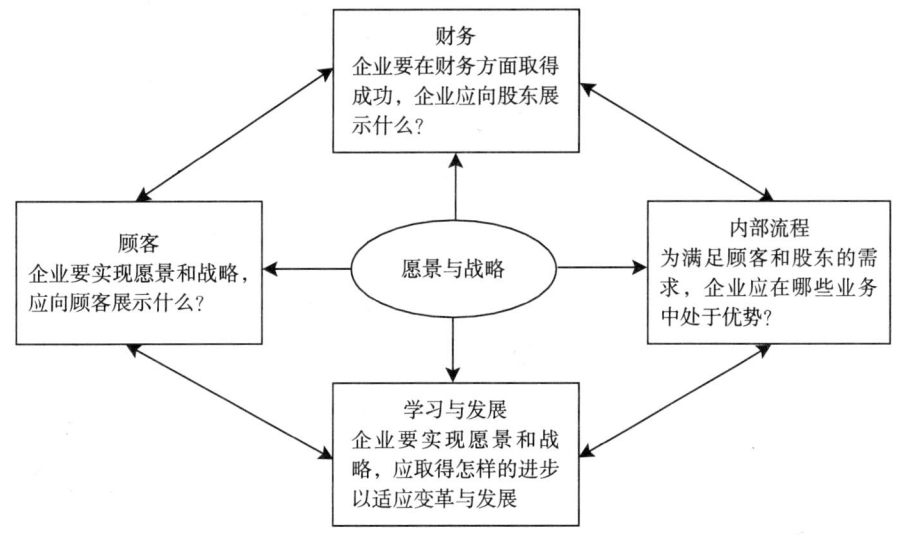

图 6-2　平衡计分卡的基本框架

平衡计分卡的优点主要体现在：改变了以往单一的考核指标，分别从财务、顾客、内部流程、学习与发展四个方面对员工进行考核；将考核与企业的战略目标紧密结合；实现了整体最优。但是，平衡计分卡的开发难度较大，一些指标的提取也比较困难，而且对企业的管理水平要求高。因此，这种考核方法适合于制度完善、考核体系健全、具备一定管理水平的企业。

【案例 6-4】

平衡计分卡的指标举例

平衡计分卡是绩效考核的另一种有效的方法，但是平衡计分卡操作起来的最大困难就是为每个角度确定相关的指标。下面的案例将介绍平衡计分卡的指标。

成立于1957年的A化工研究院是省级重点研究单位，现有职工186人。为公正合理地对每个部门的绩效进行考核，该研究院做了很多的工作。图6-3就利用平衡计分卡构建了研发部的绩效考核指标。

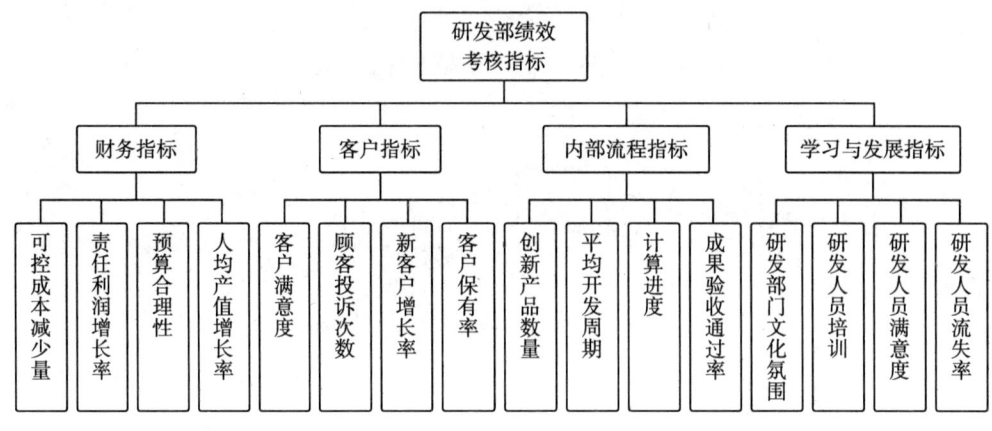

图6-3 平衡计分卡指标

资料来源：赵琛徽，吕默.基于BSC和AHP的绩效考核指标体系设计[J].中国人力资源开发，2011（5）.

九、目标管理法

目标管理法（Management by Objectives，MBO）是一种由管理人员与员工共同制定一定工作期间所需完成的工作目标，并定期审查员工目标完成情况的一种绩效考核方法。

目标管理法的具体实施步骤包括：

（一）确定组织目标

制订组织下期的工作计划，并确定组织要实现的目标。

（二）确定部门计划

各部门的负责人根据组织的工作计划和目标，与上级部门进行协商，确定本部门的工作目标。

（三）确定个人目标

由部门领导与本部门员工协商确定每位员工的绩效目标。

（四）目标修订

商议、修订制定的目标，并确定实现目标的措施和完成时间。

（五）工作绩效评价

对工作目标完成情况进行评价，找出在实施过程中存在的问题、制订改进方案，为下一阶段的工作打好基础。

目标管理法简单易操作，它的评价标准直接反映了员工的工作内容，结果易于观测，所以评价的准确性较高，也适合对员工提供建议，进行反馈和辅导。而且，目标管理的过程是员工共同参与的过程，因此，能极大地调动员工的工作积极性。

但是，在使用目标管理法时，会出现一些问题：

1. 制定的目标不明确、无法量化

如上级领导提出的组织目标是"进一步扩大市场占有率"这一模糊的目标就很难向下分解为部门和员工的个人目标。因此，目标管理法需要有具体的、可量化的目标。

2. 目标管理法需要耗费大量的时间

由于该方法强调员工的参与，因此目标的确定必须经过与每位员工的沟通和协商，而且在实施过程中还要将员工的目标完成情况定期反馈给他们。

3. 目标的确定比较困难

上级部门想把目标制定得更高一些，但是员工希望目标制定得更低一些。因此，在制定目标时要对员工的职位、工作能力有深入的了解，而且所制定的目标必须是公平的、员工通过努力能够达到的，这样员工才会接受并努力实现目标。

十、360°评价法

360°评价方法就是让与被考核者有关的各方对其进行评价，从而得到全面的评价结果。绩效考核主体包括被考核者的上级、同一层级的员工、被考核者的下属、客户以及被考核者本人。

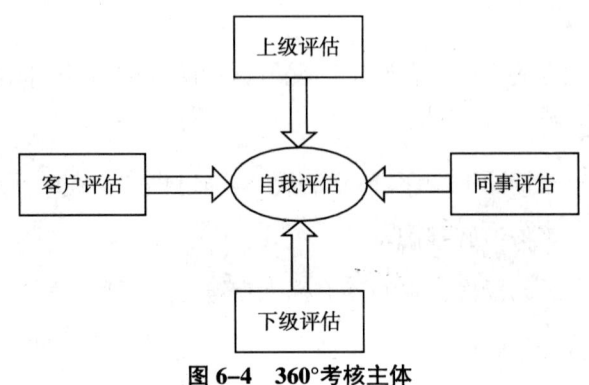

图 6-4　360°考核主体

（一）被考核者的上级

承担直接管理的上级人员对被考核者的具体工作情况比较了解，而且有机会观察被考核者的工作表现，因此，在进行绩效考核的时候，上级的绩效考核评价具有一定的权威性和真实性。

（二）同一层级的员工

处于同一层级的同事往往与被考核者在平时的工作中有较多的交流与协作，因此，他们的评价意见应该受到重视。

（三）被考核者的下属

下属是被考核者的管理对象，他们最了解被考核者的领导才能和管理能力，而且下属对上级工作能力的强弱有敏锐的觉察力。但是，把下属作为评估主体的缺点是，有时候下属会因为上级的管理权威而不敢反映真实的工作情况。因此，在使用下属作为评价者时，应该采取匿名的形式进行绩效考核。

（四）客户

这里的客户不仅包括企业的外部客户，还包括企业内部客户。即得到被考核者服务和支持的一切人员。由被考核者服务的客户对他们的绩效进行考核有助于被考核者更加关注自己的工作结果，并且客户的评价可以作为对自身工作情况的一种反馈。但是，客户评价往往仅关注被考核者的工作结果，不能对其工作进行全面评价，也无法给出提高绩效的措施或者建议。

（五）被考核者本人

让员工进行自我考核有助于增加员工的认同度和参与度，但是员工对自己的评价往往是偏高的。

360°评价法通过不同主体对被考核者的评价，可以得到被考核者在工作表现方面相对全面、真实的信息。但是，这种方法的主观性较强，评价结果一般不用于员工的晋升等重要决策，而且采用这种方法需要花费大量的时间去收集和统计考核结果。

本章小结

本章主要介绍了绩效管理的过程以及绩效考核方法。

绩效是指在员工在工作过程所表现出来与实现组织目标相关的行为和工作结果，并且这些行为和结果能够用来评价员工的工作完成情况、工作态度和工作能力。绩效管理是指组织为了确保组织目标的实现，以及判断组织成员目标实现的情况而建立的一系列指导、监督、激励、奖励的绩效框架，以此来监测各级部门和员工工作状况的持续循环过程。

绩效管理是一个循环的系统工作，包括绩效规划、绩效实施、绩效考核和绩效反馈这四个循环的步骤。

员工绩效的评估方法包括比较法、强制正态分布法、量表评价法、关键事件法、行为锚定评价法、混合标准量表法、关键绩效指标法、平衡计分卡法、目标管理法、360°评价法等。为了全面评估员工的绩效，企业应综合运用多种绩效考核方法。

第七章 薪酬管理

开篇案例

不公平的薪酬调整

小丁在建益公司刚成立时就是人力资源部的一员,可他却从没有一种主人翁的感觉。建益公司是菲蓝公司为了整合营销渠道而专门成立的销售公司,因而销售人员占了员工总数的80%,并且大部分销售人员都是从菲蓝公司其他四个分公司的销售部门调过来的。按理说,大家都是建益公司的一员,应该团结一致地为公司做贡献,但是那些从菲蓝集团调过来的销售人员就像高人一等似的,对公司其他部门的工作一点儿也不配合。

在小丁看来,这些都还可以忍受。但是4月,公司推行的新的薪酬体系让小丁实在难以接受。这次的薪酬调整中,虽说销售人员的固定工资由原来的80%下调到了70%,但是销售部的总体薪酬却上调了10%左右,公司人人都知道,最近几年公司销售业绩很好,因此销售人员的提成比例就会很高,到时候工资就会比以前更高。反观人力资源部和财务部等支持性的职能部门,他们的薪酬却没有被列入调整的范围,但是这几个部门的工作量却大幅度增加。

这样的薪酬调整让小丁觉得,在建益公司,除了销售人员,其他部门的人员好像没有什么发展前途。小丁觉得自己不被公司重视,薪酬调整都只是调整销售人员的薪酬,职能部门的员工只能看着别人高兴。其实,人力资源等职能部门的工作量一点儿都不少,可是却得不到公平的待遇,想到这些,小丁动了跳槽的念头。

资料来源：吴冬梅. 人力资源管理案例分析 [M]. 北京：机械工业出版社，2006.

【案例启示】 企业所提供的薪酬在一定程度上反映了员工在企业中的价值。因此，制定合理的薪酬体系是非常重要的。否则，就会出现员工士气受挫、流动率过高甚至招聘不到合适的人员等问题。那么，企业应该如何进行薪酬管理呢？

> **本章您将了解到：**
> - 薪酬和薪酬管理的含义
> - 薪酬管理的原则
> - 基本薪酬的概念及设计步骤
> - 激励薪酬的含义及分类
> - 福利的概念和内容
> - 福利管理的方式

第一节　薪酬管理概述

企业高水平的薪酬管理是赢得优秀人才的重要保证。

——佚名

一、薪酬

（一）薪酬的含义

薪酬是指企业直接或者间接支付给员工的各种报酬，是员工因为向企业组织提供了劳务而获得的货币性报酬和非货币性报酬的总和。

(二) 薪酬的构成

企业的薪酬由三个部分构成：基本薪酬、激励薪酬和福利薪酬。

1. 基本薪酬

基本薪酬也就是我们通常所说的基本工资，它是指企业依据员工所具备的技能、资历以及工作本身的特征等向员工支付的稳定性货币报酬。只要员工在规定的工作时间和正常条件下完成企业的工作任务，就可以获得这部分报酬。

2. 激励薪酬

激励薪酬是指企业对那些超额完成任务或绩效突出的员工给予的货币或非货币形式的奖励。激励薪酬的设置是为了激发员工的工作积极性，进一步提高工作效率。

3. 福利薪酬

员工福利是现代企业薪酬体系的重要组成部分，员工福利主要是指企业为员工提供的各种与工作和生活相关的物质补偿和服务等。如国家法定的员工福利"五险一金"。

二、薪酬管理

薪酬管理是指根据企业的薪酬管理目标，确定员工的薪酬水平、薪酬结构以及薪酬变动与否的管理活动。

薪酬管理是人力资源管理的重要工作。企业的薪酬管理工作是一个持续的管理过程，企业要根据薪酬管理的目标，结合企业的经营状况以及外部环境的状况制定合适的薪酬制度，并且要根据企业经营需要不断调整薪酬结构以适应企业的发展。同时，薪酬管理要重视与员工的交流与沟通，力争制定一套员工满意度高、企业薪酬目标得到最好实现的薪酬制度。

三、薪酬管理的原则

薪酬管理通常遵循以下原则（见图 7-1）：

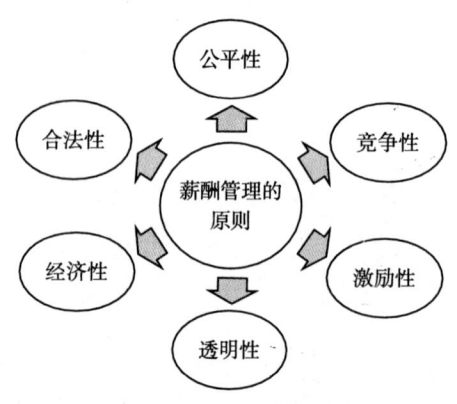

图 7-1 薪酬管理的原则

（一）公平性

要求薪酬分配全面考虑员工的绩效、能力、劳动强度、责任等因素，制定合理的薪酬。薪酬的支付水平应当与员工对企业的贡献相一致。

薪酬是否公平不仅仅体现在企业的薪酬管理是否公平，更多的是员工对这种公平性的感知。也就是说，即使管理者一再强调薪酬的公平性，而且确实公平的实施了薪酬方案或者政策，但是，如果员工感觉到的是不公平的薪酬待遇，那么企业薪酬管理的公平性就会被歪曲。所以，在薪酬管理中，不仅要确保公平性更要注意员工对公平性的感知。

（二）竞争性

企业必须确保所支付给员工的薪酬水平与同行业或类似的行业中企业的薪酬水平相当，并结合企业具体情况进行适当的调整，避免因薪酬过低而导致企业人才流失。如果企业正处于新市场的拓展阶段，需要高素质的人才，那么在制定该岗位薪酬水平的时候就应该比同行业中企业的薪酬水平略高，这样才能吸引更多的高素质人才。

（三）激励性

薪酬应该与员工对企业的贡献相挂钩。员工在企业工作的其中一个非常重要的目的是满足自己的物质需求，因此，企业应该迎合员工的需求，将他的业绩与薪酬挂钩，这样可以激发员工工作的积极性和工作热情。同时，在保证公平的前提下，适当地拉开薪酬差距，能够有效地激发员工的进取精神，并促使员工主动改进绩效。

（四）透明性

企业要向全体员工公布绩效考核的方法，明确告知员工什么行为将会获得较高的报酬或奖励，什么样的行为又会受到批评和惩罚。同时要把企业的薪酬方案、薪酬水平以及薪酬结构公开，让员工明白自己目前处在哪一个薪酬区间内，对自己的薪酬有一个准确的预期，不至于使自己的预期太过离谱。同时透。明的薪酬管理可以避免很多"暗箱操作"，使员工更放心地工作，增加员工对公平的感知。

（五）经济性

薪酬是对人力资源的投资行为，也是企业人工成本的组成部分。高的薪酬标准固然能够吸引更多的优秀人才，但是也会大大提高企业的成本。因此，企业必须遵循经济性原则，依据自身情况制定合理的薪酬标准，做到：需要花的钱一分不少花，不该花的钱一分不多花。

（六）合法性

企业的薪酬制度不能违反国家法律法规。例如，关于最低薪酬标准的法规、薪酬保障法规等。

四、提高薪酬管理的满意度

薪酬管理的满意度是指员工对所获得的薪酬（货币或非货币形式）与自己期望的薪酬相比后所产生的一种满意与否的心理状态。员工对薪酬满意程度的高低是衡量企业薪酬管理水平高低的最主要标准。一般来说，员工对薪酬的满意度会受两个因素的影响，即与社会平均水平的比较以及公平度。

社会平均水平是指在一定的社会环境下，某一行业相同岗位的员工所获得的平均薪酬水平。当员工将自己的薪酬水平与同行业、同岗位的平均水平相比较，如果自己的薪酬高于社会平均水平，则就会产生较高的满意度；如果低于社会平均水平,则满意度就会极大的降低。因此,针对这一问题,企业在进行工作分析时就要谨慎地评价各个岗位的市场价值,确保企业对每个岗位的薪酬设定能够与社会平均水平相匹配或高于社会平均水平。

公平度是指员工将自己所得的报酬与企业其他员工的报酬进行比较,以确定自己所得报酬的公平程度。提高公平程度是薪酬管理中的难点,因为公平与否取决于员工的主观感受,而非实际的公平性。因此,人力资源部门不能只是期望通过调整薪酬制度来提高员工的公平感,而是应该公平地界定每位员工的付出与收入的比例,并且让员工参与到薪酬管理的过程中来。实践证明,员工参与薪酬管理能够让员工设身处地感受到薪酬的公平性。除此之外,人力资源部门还要促使管理者与员工之间对于薪酬管理上的问题多沟通,增强彼此的信任感。

总之,人力资源部门在进行薪酬管理的过程中一定要做好岗位价值评估,制定合理的薪酬标准,并加强与员工的沟通,鼓励员工参与薪酬政策的制定,从而提高员工对薪酬管理的满意度。

第二节 基本薪酬

给劳动的员工支付报酬并满足其基本生活需要是企业的一项基本义务。

——佚名

一、基本薪酬的概念

基本薪酬也就是我们通常所说的基本工资,它是指企业依据员工所具备的技能、资历以及工作本身的特征等向员工支付的稳定性货币报酬。

基本薪酬体系的确定通常是以职位和技能为基础进行设计,目前按照职位本身进行的基本薪酬设计是占主导地位的。因此，这里所介绍的是以职位为基础的基本薪酬设计。

二、基本薪酬的设计步骤

基本薪酬是员工薪酬最主要的部分，基本薪酬会直接影响员工对薪酬满意的程度。因而，确定员工的基本薪酬是薪酬管理工作的重点。基本薪酬的设计步骤如图7-2所示。

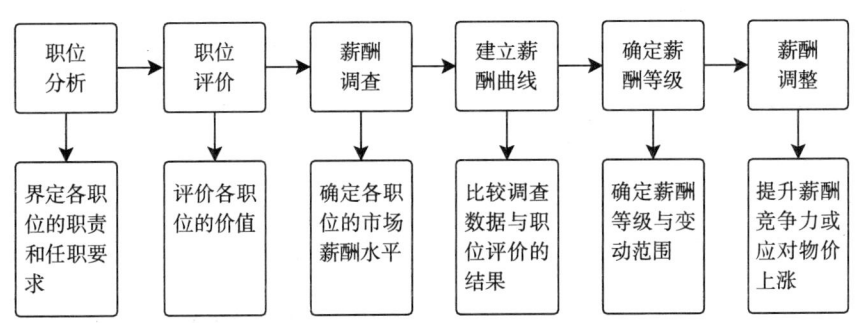

图7-2 基本薪酬的设计步骤

（一）职位分析

职位分析即工作分析，目的是为了确定企业所需职位的职责和任职要求。职位分析的具体方法本书第二章已做了详细的介绍，在此就不再赘述。

（二）职位评价

职位评价就是确定各个职位的相对价值大小，从而了解各个职位对企业的贡献，以此作为确定职位工资的前提和基础。常见的职位评价的方法有四种：排序法、归类法、要素计点法和要素比较法。

1. 排序法

排序法是指将所有职位按照相对价值大小来进行排序，以了解各个职位的价值。排序法可以分为三种类型：直接排序、交替排序和比较排序。

（1）直接排序法是指根据职位的相对重要程度以及对企业的贡献大小直接排

序的方法。

（2）交替排序法是指先从所有需要评价的职位中根据价值大小选择价值最高和最低的职位，分别列为第一位和倒数第一位，然后再从剩余的职位中找出价值最高和最低的职位，列为第二位和倒数第二位……如此循环，直到排完所有的职位。

（3）比较排序法是指将待评的职位两两进行比较，以最终比较的结果对职位做出排序。具体过程与绩效考核方法中的配对比较法一致。

排序法操作简单，所需费用较低，但是由于缺乏客观的评价尺度和标准，容易受主观因素的影响，从而不能准确判断各个职位的差别和价值。

2. 归类法

归类法又称为分类法，是指将不同的职位按照一定的标准划归到事先确定好的职位等级中（高、中、低）的评价方法。

采用这种方法的时候，首先要收集与职位有关的资料，然后将职位分成不同的类别，最后确定划分的标准并将职位划分到不同的等级。

归类法比较简单，它以组织目标为基础，自上而下进行职位的归类。但是，职位等级的划分和界定是很难的，也不能量化各个职位的价值差距。

3. 要素计点法

要素计点法是指选取和定义一组通用性的评价指标，并且划分为不同的等级，每个等级赋予一定的点数，然后确定各个职位的总点数，以此确定职位的相对价值。

要素计点法的具体实施步骤如下：

（1）职位分类。不同部门的职位差别很大，因此通常不能使用一种点值评定方案来评价组织中所有的职位。所以，第一步通常是职位分类，如行政职位、销售职位等，然后要针对各个类别制订相应的方案。

（2）选择评价指标。评价指标是指各个职位中对职位价值起影响作用的因素。评价指标一般从工作职责、工作技能、努力程度和工作条件四个方面进行考虑。需要注意的是，公司中不同岗位会有不同的评价指标，因此，各个公司应根据自身情况与职位的特征选择评价指标，评价指标在一定程度上反映了公司的发展方向。一般的，职位说明书是非常重要的参考依据。

（3）确定指标等级。确定每个评价指标后，要将每个指标划分成不同的等级并且要清晰地界定各个等级的含义。等级的划分取决于企业内部各个职位在该指标上的差异程度，差异越大，等级越多。但是一般每个指标划分的等级数量最好不超过6个。

（4）根据评价指标在整个评价指标体系中的重要性，确定其权重。权重的确定可以采用经验法，或是统计法。运用统计法确定权重的时候，首先要确定基准职位，然后赋予每一个基准职位一个总价值公式，总价值可以由市场价值、当前薪资、总点数或者通过排序获得的序数价值（如所在等级）来表示。[①] 然后运用多元回归等统计技术来确定每一种评价指标所占权重。

（5）确定每一个指标等级的点数。首先，确定出总的评价点数，一般来说，需要评价的职位越多，总点数就越大，这样才能够清楚地反映各个职位之间的差异。其次，依据指标的权重给各个指标分配点数。再次，将各个指标的点数再分配到内部的各等级中去。在给每个评价指标等级分配点数的时候，可以用算术法或是几何法。

算术法是指把每一评价指标最高等级的点数界定为该评价指标所分配得的点数，将该点数除以等级数，便得到等级之间的级差，然后便可得到每一等级的点数。几何法就是首先确定不同等级之间的比率差，然后换成十进制的表示方法，将等级按从高到低依次除以该比率差，得到每一等级的点数。

也就是说，算术法是按相同的幅度在等级之间增加，而几何法是按相同的比率在等级之间增加，几何法相对于算术法更公平。

（6）按照已经制定好的评价指标体系，确定被评价职位在各指标中所处的等级，将等级对应的点数加总，就可以得到最终的评价点数。比较所有职位的评价点数就可以确定出职位的相对价值。

[①] 刘昕. 薪酬管理（第2版）[M]. 北京：中国人民大学出版社，2007.

要素计点法是一种量化的方法,对于不同职位的区分度比较明显,评价结果更加准确客观。但是,尺度的设计比较麻烦,操作时,也不能完全消除主观因素的影响。

4. 要素比较法

要素比较法是一种运用较为广泛的职位评价法,要素比较法与其他方法不同的地方在于,它是按照每一评价指标进行职位排序来确定职位价值的,是一种比较复杂的排序法。其具体操作步骤如下:

(1) 确定职位的评价指标,要素比较法评价指标的确定方法与要素计点法一致。

(2) 选择典型职位,并根据市场薪酬水平以及公司的具体情况确定这些典型职位的薪酬水平。典型职位的选取要具有代表性,其他职位以它为基准确定薪酬水平。

(3) 将具有相同评价指标的典型职位按照评价指标的重要性进行排序。一般由评价小组成员分别给出排序结果,然后综合整理取平均值。

(4) 将每一典型职位的薪酬分配到每一个评价指标上。评价小组成员按照评价指标对于该职位价值的贡献率来分配该职位的薪酬。通常实践中,由评价小组成员分别给出每个典型职位的评价指标的所占薪酬,然后整合取平均数。

(5) 根据上一步计算所得的同一评价指标薪酬的大小将典型职位进行排序。

(6) 审查(3)、(5)所得的排序结果是否一致,若结果一致,则职位具备典型性;若结果不一致,说明职位不够典型,应该将其从典型职位中剔除。

(7) 建立典型职位评价指标量表。如案例 7-1 中的表 7-1 所示。

(8) 将其他非典型职位以典型职位为基准确定薪酬水平。

要素比较法更加公平、准确,但是确定各个指标的薪酬额是该方法最为关键和复杂的步骤。因此,使用这种方法的成本较高,而且不易被员工理解。

【案例 7-1】

要素比较法的应用

某公司采用要素比较法进行职位评价,选取了三个典型职位 A、B、C,评价指标为工作效率、专业知识、负责能力以及工作条件，确定典型职位在不同评价指标上的薪酬（用小时工资率来表示）如表7-1所示：

表7-1 要素比较法量表

小时工资率（元）	工作效率	专业知识	负责能力	工作条件
2	职位A	职位C	职位X	职位B
3	职位X	职位X	职位C	职位A
3	职位C	职位A	职位B	职位X
5		职位B		职位C
6	职位B		职位A	

由此可以确定：

职位A的小时工资率为2+3+6+3=14元；

职位B的小时工资率为6+5+3+2=16元；

职位C的小时工资率为3+2+3+5=13元。

这时要想对某个非典型职位进行考核就只需将它与典型职位进行比较，就能得出工资率。如求非典型职位X，通过与三个典型职位A、B、C的比较，确定其小时工资率为：3+3+2+3=11元。

（三）薪酬调查

职位评价的结果确定了企业内部各个职位价值的相对大小，实现企业薪酬的内部公平性。而薪酬调查则确定各个职位具体的市场薪酬水平，以保证薪酬的外部公平性和竞争力。薪酬调查的步骤为：

1. 选择所调查的职位

由于不能对所有职位进行调查，因此要选择企业中具有代表性的典型职位。确定典型职位主要是考虑调查的方便，应当选择那些在同一地区或同行业中大多数企业都普遍存在的通用职位作为典型职位。

2. 确定调查对象

确定调查对象即确定要对哪些企业进行薪酬调查。

3. 确定调查项目

薪酬调查项目不仅包括基本薪酬还应包括激励薪酬、福利薪酬等。

4. 形成调查报告

进行实际调查，并分析调查结果，形成调查报告。

（四）建立薪酬曲线

利用调查数据和职位评价的结果建立薪酬曲线，它是各个职位的市场薪酬水平和职位评价分数之间的关系曲线。理论上，市场薪酬水平和职位评价得分之间是呈线性关系的，所以薪酬曲线采用最小二乘法进行拟合得到方程，将各个职位评价得分代入方程，就可以得出各个职位所对应的市场平均薪酬水平。

薪酬曲线还可以用来检验企业薪酬制度的合理性，即通过薪酬曲线，找出哪些薪酬偏离了薪酬曲线的职位，从而制定薪酬调整政策，使它们回到正常的工资点上。如图7-3是某企业的薪酬曲线。

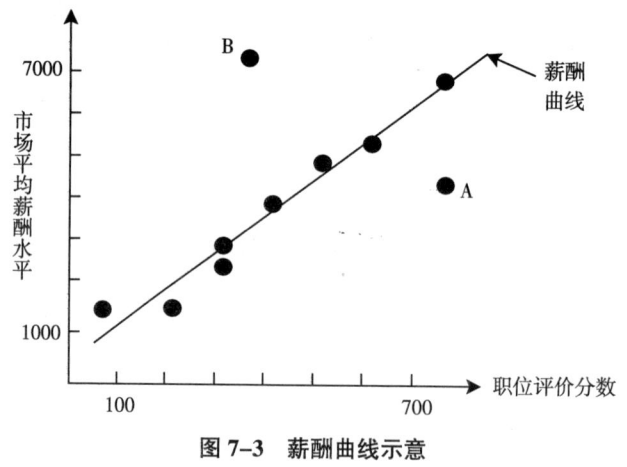

图7-3 薪酬曲线示意

图7-3中可以看到企业的薪酬点大致分布在薪酬曲线周围，但是A、B点偏离曲线的程度较大。A点所对应的职位薪酬低于薪酬曲线，因此，应该提高该职位的薪酬；相反，B点所对应的职位薪酬应该降低。

（五）确定薪酬等级

当企业职位比较多时，需要建立薪酬等级。首先，确定等级数量，将职位划分成不同的等级，划分的依据是职位评价的结果；其次，确定各个等级的薪酬变动范围，即薪酬区间。薪酬区间反映出每一个职位等级中的最高薪酬与最低薪酬之间的变动范围。也就是说，同一职位等级的员工薪酬也是有差异的。这样能够更加客观地衡量处于同一职位等级的不同员工对企业的贡献及价值大小。

（六）薪酬调整

基本薪酬虽然相对稳定，但是在某些条件下，也需要调整员工的基本薪酬，这种调整分为整体调整和个体调整。

整体调整即"普调"，是按照统一政策对企业内部所有员工的基本薪酬进行调整，调整原因可能是：物价上涨、市场平均薪酬水平变化、企业薪酬策略作出调整或企业经济效益变化等。

个体调整是针对员工个人进行基本薪酬的调整，调整的原因大多是由员工个人造成的，如职位变动、技能等级变化、工作年限增加等。

第三节 激励薪酬

将员工绩效与薪酬挂钩是提高企业效率非常好的方法。

——佚名

激励薪酬是指企业对那些超额完成任务或绩效突出的员工给予的货币或非货币形式的奖励。激励薪酬有一定的灵活性，它与员工的业绩挂钩，所以对员工有较强的激励作用。

激励薪酬一般分为个人激励薪酬和集体激励薪酬。

一、个人激励薪酬

个人激励薪酬是指根据个人的工作绩效，给予员工基本薪酬之外的劳动回报，从而激励员工努力工作。其形式主要有以下几种（见图7-4）：

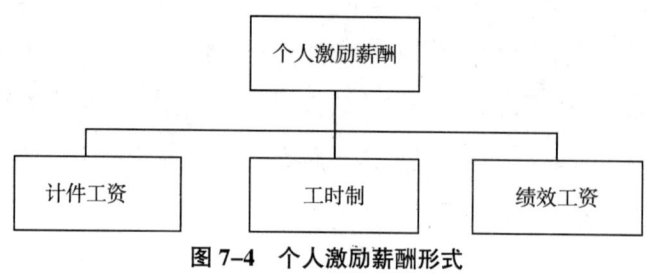

图7-4 个人激励薪酬形式

（一）计件工资制

计件工资制是根据员工的产出水平和企业确定的工资率为员工的产量支付相应的报酬。在实践中，计件制往往不采取直接计件的方法，更多的是使用差额计件制。差额计件制有泰罗计件制和梅里克计件制两种。

1. 泰罗计件制的计算公式有两种情况

$E = N \times R_l$（未达到工作量标准）

$E = N \times R_h$（超额完成）

其中，E为支付的薪酬；N为完成的产品数量；R_l为低工资率；R_h为高工资率，它通常为低工资率的1.5倍。

2. 梅里克计件制的计算公式有三种情况

$E = N \times R_l$（完成的工作量在标准的83%以下）

$E = N \times R_m$（完成的工作量在标准的83%~100%，$R_m=1.1\times R_l$）

$E = N \times R_h$（完成的工作量在标准的100%以上）

其中，E为支付的薪酬；N为完成的产品数量；R_l为低工资率；R_h为高工资率；R_m为居中的工资率。

(二) 工时制

工时制是指直接以员工完成工作所花费的时间为参考来支付薪酬的方式。工时制最基本的形式就是标准工时制。标准工时制是指事先确定完成某项工作所需的标准工作时间的薪酬率，只要员工在规定的时间内完成工作，那么就按照标准工作时间所确定的薪酬率来支付薪酬。

实际工作中，员工因节约工作时间而形成的收益要在员工和企业之间进行分配，由此衍生的工时制有两种：一是哈尔西的50—50奖金制，就是收益在员工和企业之间平均分享；二是罗恩制，是指员工分享的收益根据其节约时间的比率来确定，如某项工作需要5小时完成，员工用了4个小时就完成了，那么员工可以分享因节省1小时所增加收益的20%。

(三) 绩效工资

绩效工资就是指根据员工的绩效考核结果来支付相应的薪酬，由于有些职位的工作结果很难用数量和时间来衡量，因此就要借助绩效考核结果来支付激励薪酬，主要有两种形式：绩效调薪和绩效奖金。

1. 绩效调薪

绩效调薪是指利用员工绩效考核的结果，对员工的基本薪酬进行调整的方式。绩效调薪周期一般按年进行，调薪的比例也是依照绩效考核结果来确定。

进行绩效调薪时，有两个问题需要注意：一是调薪不仅仅限于加薪，对于绩效考核结果较差的员工也可以考虑减薪，这样才能激发员工积极改进绩效；二是调薪要在该职位或该员工所处的薪酬等级对应的薪酬区间内进行，即员工基本薪酬的调整不能超过该薪酬区间的最大值或最小值。

2. 绩效奖金

绩效奖金是指在绩效考核结果的指导下，企业给予绩效水平高的员工的一次性奖励，奖励的方式与绩效调薪类似，不同之处就在于绩效奖金只针对绩效考核结果好的员工，对于考核结果不好的员工不给予奖金，但是也不会有减薪的惩罚。

【拓展阅读】

绩效调薪与绩效奖金的区别

绩效调薪是对基本薪酬的调整,下一年的基本薪酬值就是上一年调薪后的基本薪酬,而绩效奖金则不会影响到基本薪酬。

支付周期不同。绩效调薪是对基本薪酬的调整,故不会很频繁,而绩效奖金的周期相对较短,一般是按一个月或是一个季度。

绩效调薪的幅度受薪酬区间的限制,而绩效奖金则没有这一限制条件。

个人激励薪酬能够有效地提高个体的绩效水平,但是这种薪酬方式也会带来一些问题,如员工片面追求产量最大化,员工抵制新技术的引入,员工与管理人员之间的冲突加剧等。因此,企业还应该实施集体激励薪酬计划,将个人激励薪酬与集体激励薪酬有效地结合。

二、集体激励薪酬

集体激励薪酬是一种为了鼓励团队合作而建立的激励薪酬模式。在这种激励模式下,个人的绩效情况不再是奖励的标准,团队或者整个组织的绩效状况才是发放激励薪酬的依据。具体来讲,集体激励薪酬有以下几种形式:

(一)斯坎隆计划

斯坎隆计划是由美国联合钢铁公司的工会主席斯坎隆首次提出的,该计划是一种集体激励薪酬计划,具体操作步骤如下:

1. 明确收益为何会增加以及从何而来

一般来说,生产效率的提高、废品率的降低、生产材料利用率的提高等都可能是收益增加的源泉,将这些因素的变动所引起的收益的增加进行求和,得到收益增加的总额。

2. 弥补上期亏空后留置部分收益

增加的收益额在用来弥补上期的亏空后要留置部分收益，以作他用。弥补和留置后的部分就是收益增加净额。

3. 计算分配总额

根据员工对收益增加的贡献大小，确定员工分享收益增加净额的比例，然后计算出员工可以获得的分配总额。

4. 计算分享数额

用员工可分配的收益增加总额除以工资总额，得到分配单价，再用每位员工的工资乘以分配单价就能得到每位员工应该获得的分享数额。

（二）利润分享计划

利润分享计划是指企业依据利润情况向所有的正式员工支付的，或者所有正式员工都能够获得的一定数额的报酬。

利润分享计划有三种形式：一是现金现付制，即以现金的形式即时兑现员工应分享到的利润。二是递延滚存制，它是指将应该支付给员工的报酬不立即发放到员工手中，而是转入员工的账户，留待将来支付，它通常和企业的养老金计划结合在一起。有的企业为降低员工流动率，还规定工作时间不到一定年限的员工无权获得或只能获得一小部分这类薪酬。三是混合制，即按照一定的比例，将员工可分享利润的一部分直接向员工支付，剩余部分暂时存放在指定的账户里。

利润分享计划具有以下几个优势：一是将员工的薪酬与企业绩效联系在一起，促使员工从企业的角度出发思考问题，增强了员工的责任感；二是它支付的薪酬不计入基本薪酬，有助于灵活地调整薪酬水平，在企业经营良好时支付较高的薪酬，运转不好的时候则可以少支付甚至是取消这部分薪酬。

但是，利润分享不能够在员工整体薪酬中占过大的比重，否则企业利润变动会致使员工收入发生较大变动，而引起员工的不满。另外，由于员工无法看到自己的努力与企业利润之间的联系，因此利润分享计划对员工的激励作用不大。

（三）员工持股计划

员工持股计划是指员工通过持有企业一定比例的股票来分享企业利润，使员工对企业未来持续盈利享有一种收益权。它的运作模式为:企业把一部分股票(或者是能够购买相同数量股票的现金)交给一个信托委员会,这个数额一般按照员工个人年报酬总量的一定比例来确定,一般不超过 15%。信托委员会将股票存入员工的个人账户,当员工退休时再发给他们。

员工持股计划能够使员工得到企业发展带来的额外收益,因此他们会更加关注企业的经营效益,并增强对企业的责任感。

(四) 股票期权

股票期权是指企业给予员工一种权利,让员工能够在未来某一时期以一定的优惠价格购买一定数量的公司股票,并有权利在一定时间后将所购买的股票在市场上出售。股票期权具有长期的激励作用,而且它能够降低代理成本、提高管理效率、增强企业的凝聚力,因而被跨国公司广泛采用。我国的一些企业也已经开始实施股票期权计划,但是仍处于起步阶段。

虽然员工持股计划和股票期权是针对员工个人来实行的,但是它与企业的整体绩效是紧密联系在一起的,因此我们将其归入到集体激励中。

第四节 福利薪酬

福利是让员工感觉到企业如家的一种形式。

——佚名

一、福利的概念与作用

福利是指企业依据国家的相关法律法规以及企业自身的经营情况为员工所提供的各种非货币报酬。

福利薪酬是企业薪酬体系的必要组成部分，它为企业员工提供各种保障，使员工能够更加安心地投入工作。从企业的角度来考虑，福利是人力成本支出，但也是企业的重要激励手段，企业福利能够让员工解除后顾之忧，体会到企业对员工的关怀，因此无论从员工个人还是企业的角度来看，福利薪酬都是具有积极意义的。

二、福利的形式和内容

通常，员工福利可以划分为两类：一类是国家法律明文规定的企业必须为员工提供的福利，即法定福利；另一类是企业依据自身特点、经营状况、员工需求等向员工提供的各种福利，即企业自主福利。

（一）法定福利

法定福利是指国家法律规定的，强制公司实施的给予员工的福利政策，包括社会保险、住房公积金和法定假期。

社会保险主要包括养老保险、医疗保险、失业保险、工伤保险、生育保险等，这些保险为员工在年老、疾病、失业、工伤、生育等情况下提供了一定的经济支持，从而保障基本的生活。社会保险是国家立法强制实施的，它是整个员工福利制度的基石。

住房公积金是国家为解决职工住房问题、减轻购房压力所提供的专项保障性资金。

法定假期是指员工依法享有的假期。在法定假期中，员工仍然可以获得与正常工作时间相同的报酬。

（二）企业自主福利

企业一般会根据自身情况向员工提供除法定福利之外的员工福利项目。这些福利政策也是企业吸引和留住人才的重要措施。企业自主福利包括企业年金、补充医疗保险、住房优惠福利、子女教育费、交通服务、工作餐、心理咨询、健身设施、培训等诸多项目。企业可视具体情况为员工提供弹性化的福利项目，尽量满足员工的实际需求。

三、福利管理的方式

福利管理的方式主要有以下几种:

(一)"一揽子"福利薪酬计划

很多企业都将薪酬和福利统一起来,使两者有机结合,而不再作为两项独立的管理工作。两项结合使用,对于基本薪酬一般采用货币性报酬,对于激励性薪酬,既可以采用货币形式,也可以采用福利形式或者采用两者相结合的方式。

(二)"自助餐式"福利管理

采用这种福利管理方式,企业可以提供多种供选择的福利项目,员工根据自身的需求和爱好,在所提供的福利范围内进行选择,企业提供两种类型的福利:一是法定福利,即人人都拥有的福利;二是可以供员工自己选择的福利。这种福利管理方式充分考虑到了员工需求的多样性以及员工个人的偏好。如单身的员工可以不选择子女教育而选择住房津贴,双职工家庭中夫妻双方可以选择不同的福利,如一方选择子女教育费,另一方选择补充医疗保险等。

【案例7-2】

ICL 的弹性福利计划

ICL是美国一家大型信息技术公司。"如果你是自营职业者,你或许就要重视公司福利的价值",ICL的就业指导凯瑟琳·特纳(Catherine Turner)在解释ICL最近采用的弹性福利方案的原因时说,"我们最初的目标是双重的。一方面,我们想找到一种向个人通告福利内容的工具;另一方面,我们想给人机会去选择他们想要的福利"。

在各种中心小组帮助识别"一揽子"福利计划应该包括哪些福利项目之后,该方案成功展开,ICL的方案允许员工选择较高的薪金加较低的"一揽子"福利计划。该方案包括的福利有养老金计划、人寿保险、医疗保险、节假日时间的买卖、牙科保险、危险疾病计划以及托儿津贴等。对享有的所有福利权利的计算，公司是依据员工本应获得的薪金进行的，弹性福利方案没有改变总收入在福利上的支出比例。

先给试点小组两个月的时间去作出选择，然后要求试点小组签约。"最普遍的选择"，特纳说，"是提高了养老金的积累率，滥用节假日的人不太多。实际上更多的员工是出售节假日而不是购买——大多数人的问题是寻找时间去休假"。公司在4月公布了对其英国所有员工的弹性福利计划，在最早的试点小组中，超过90%的员工签署了弹性方案。

资料来源：劳埃德·拜厄斯，莱斯利·鲁.人力资源管理[M].北京：华夏出版社，2002.

本章小结

本章主要介绍了薪酬管理的含义、原则以及企业薪酬体系的构成。

薪酬是指企业直接或者间接支付给员工的各种报酬，是员工因为向企业组织提供了劳务而获得的货币性报酬和非货币性报酬的总和。主要包括基本薪酬、激励薪酬和福利薪酬。薪酬会在很大程度上影响员工对工作的满意度，因此合理的薪酬管理措施是人力资源管理工作很重要的一环。

基本薪酬是指企业依据员工所具备的技能、资历以及工作本身的特征等向员工支付的稳定性货币报酬。基本薪酬设计分为六个步骤，依次是职位分析、职位评价、薪酬调查、建立薪酬曲线、划分薪酬等级、薪酬调整。职位评价有四种方法：比较法、排序法、要素比较法、要素计点法。

激励薪酬是指企业对那些超额完成任务或绩效突出的员工给予的货币或非货币形式的奖励。企业的激励薪酬分为个人激励薪酬和集体激励薪酬。

福利是指企业依据国家的相关法律法规以及企业自身的经营情况为员工所提供的各种非货币报酬。福利薪酬包括法定福利和企业自主福利项目。

第八章 职业生涯管理

开篇案例

何先生的职业生涯规划

基本资料：

姓名：何××；性别：男；血型：B型；

出生年月：1970年×月×日；出生地：四川成都；

学历：本科；

目前年龄：30岁（2000年）；

死亡预测：70岁（2040年）；尚余年限：40年。

个人分析：

优势：①具备丰富的管理理论知识；②在技术和管理方面有丰富的工作经验；③应变能力强；④具有很强的沟通协调能力。

弱势：有时缺乏冲劲，工作效率不够高。

机会：①公司处于发展阶段，升职机会大；②培训机会多。

威胁：高学历年轻人加入，竞争激烈。

整体职业生涯规划：

1. 整体职业生涯目标：成为一家大型制造业企业的总经理。

2. 阶段目标：

（1）30~33岁，在现企业任职，并努力争取工作轮换的机会，以熟悉其他部门的运作，学习 MBA 课程。

(2) 34~39 岁，通过内部升迁或跳槽，获得制造业生产部门经理的职位，同时学习市场营销的课程。

(3) 40 岁，应聘为大型制造企业总经理，努力成为一名优秀的职业经理人。

3. 收入目标：2000~2003 年，年薪 8 万~10 万元人民币；2004~2009 年，年薪 10 万~25 万元人民币；2010 年，年薪 25 万~40 万元人民币，之后每年以 5%~10% 的增幅增加。

4. 学习目标：2000~2003 年，学完 MBA 主干课程；2004~2009 年，学完市场营销管理课程；2009 年以后每月至少看 2 本以上管理类的相关书籍，并重视理论的应用。

5. 行动计划：

(1) 争取更多熟悉各个岗位的工作的机会。

(2) 不断实践，提高实际操作能力。

(3) 学习 MBA 的主干课程。

(4) 每年至少参加 150 小时以上的相关管理培训课程。

(5) 每周进行至少 3 小时的体育锻炼。

(6) 在 2005 年初之前从中层管理职位转为高层管理职位。

资料来源：http://www.yjbys.com/Qiuzhizhinan/show-79659.html。

【案例启示】职业生涯规划关系到一个人的职业成长，好的职业生涯规划可以帮助我们更快地找到奋斗目标，何先生的职业生涯规划是否合理、科学？在制订职业生涯规划的时候我们应该遵循什么原则？只有运用正确的方法才能制订一份合理的职业生涯规划。

本章您将了解到：

● 职业生涯的含义及其发展阶段

● 职业生涯管理的概念及管理理论

● 组织职业生涯管理的过程

- 组织职业生涯管理的内容
- 个人职业生涯的发展方向
- 个人职业生涯管理的原则及步骤

第一节　职业生涯管理概述

仁莫大于爱人，知莫大于知人。

——《淮南子·泰族训》

一、职业生涯的含义

职业生涯是指人一生中所度过的与工作相关的经历（如职位、职责等）和工作时期的变化历程。职业生涯主要受两方面因素的影响：一是个人的价值观、知识、能力以及生活环境等；二是个人能从组织获得的工作信息、培训计划以及个人的晋升路径等。需要注意的是，职业生涯并不暗示个人的成功或失败，这只是个人职业历程不断发展变化的过程。

二、职业生涯发展阶段

著名的职业管理专家、美国学者萨帕的"终身发展"理念将职业生涯划分为五个阶段，结合中国的具体实际，现将职业生涯发展划分为如下五个阶段：

（一）成长阶段（16岁以前）

从出生到16岁这一阶段称为成长阶段，个体通过与家庭成员、老师、同学之间的沟通、交流，逐渐建立起自我概念。在这一时期，个体处于幻想阶段，对社会认知很少，但是对社会充满憧憬。

（二）探索阶段（16~25岁）

16~25岁是个人职业生涯的探索阶段，人们通过学校教育、娱乐活动、个人工作等途径丰富自己的知识、提高自己的能力、发现自己的兴趣，并努力寻找个人兴趣与能力的切合点，并根据各个职业所需的素质做出相应的教育决策。这一阶段是为职业生涯发展奠定良好素质基础的时期，广泛涉猎不同的知识，尝试不同的经历，会对下一阶段的发展奠定良好的基础。

（三）确立阶段（26~40岁）

26~40岁是大多数人工作生命周期中的核心部分，也是个人职业生涯最为重要的阶段。大多数人已经在选定的职业上努力打拼，但是仍有不少人继续尝试、选择新的职业。这一阶段中，人们很多时候会遇到职业抉择的问题，这时就要了解自己究竟需要什么，自己所追求的目标是否能够达到，以及权衡实现目标与付出努力之间的关系。

（四）维持阶段（41~55岁）

41~55岁，个体开始进入到职业生涯后期。这一阶段，人们已经在自己的工作领域取得了一定的成绩和地位，大多数人可能不再耗费大量的精力尝试新的职业，而是保持现有状态。

（五）下降阶段（56岁以后）

在这一阶段，人的健康状况和工作能力都会逐步衰退，职业生涯接近尾声。这时，人们将会逐渐退出职业领域。但是现在随着人的平均寿命的延长，以及人口老龄化的趋势，这一阶段的到来或许会推迟。

三、职业生涯管理的概念

职业生涯管理是企业人力资源管理的重要工作之一，由企业与员工共同制订员工的个人职业发展规划，并且在双方的共同努力下，实现职业生涯发展的一系列活动。

从职业生涯的定义可以看出，职业生涯管理具有两方面的内涵：第一，员工要为自己的职业生涯负责，有效的自我管理是其职业生涯成功的关键；第二，职业生涯管理是组织协助员工规划其职业生涯发展，并为员工提供必要的学习、培训、岗位轮换等发展机会，让员工看到企业的发展前景，感到有"奔头"，营造一种"海阔凭鱼跃，天高任鸟飞"的生动活泼的局面。

《孙子兵法·谋攻篇》曰：上下同欲者胜。《黄石公之略上略》说：与众同好，靡不成；与众同恶，靡不倾。两者讲的是一个道理，目标一致，才能劲往一处使，攻无不克，战无不胜。因此，对员工进行职业生涯管理就要把员工的个人发展与企业的发展相统一，这样，员工就会自动自发地为企业服务。

根据职业生涯主导者的不同，可以把职业生涯管理分为两种：一种是组织职业生涯管理，是组织通过一系列方法对员工进行培训、开发、实现员工自身价值的过程；另一种是个人职业生涯管理，是指员工个人的职业发展计划、职业的选择以及变动等。我们将在本章第二节和第三节分别介绍组织职业生涯管理和个人职业生涯管理。

四、职业生涯管理理论

关于职业生涯管理的理论有很多，在这里主要介绍两个最具代表性的理论。约翰·霍兰德的人职匹配理论和埃德加·施恩的职业锚理论。

（一）人职匹配理论

美国霍普金斯大学心理学教授、著名的职业咨询专家约翰·霍兰德在其人职匹配理论中指出，人的个性是选择职业的重要影响因素。由于每个人的个性不同，不同的人喜欢从事的工作和适合从事的工作也会不同，因此，要努力实现个性与工作的匹配，从而提高人力资源的效率和员工的满意程度。在其他条件不变的前提下，个性和职业相吻合的员工的职业生涯发展更为顺利。

霍兰德划分了六种基本的个性类型，进行了相应的描述，并列举了与这些个性相匹配的职业，有人称这六种个性类型为决定个人选择何种职业的六种基本"职业性向"，如表8-1所示。

表8-1 霍兰德的个性类型和与之相匹配的职业

职业性向	个性特点	相对应的职业类型
实际型——偏好需要技能、力量、协调性的体力活动	害羞、真诚、持久、稳定、顺从、实际	机械式、钻井操作工、装配线工人、农场主
研究型——偏好需要思考、组织和理解的活动	分析、创造、好奇、独立	生物学家、经济学家、数学家、新闻记者
社会型——偏好能够帮助和提高别人的活动	社会、友好、合作、理解	社会工作者、教师、议员、临床心理学家
常规型——偏好规范、有序、清楚、明确的活动	顺从、高效、实际、缺乏想象力、缺乏灵活性	会计、业务经理、银行出纳员、档案管理员
企业家型——偏好那些能够影响他人和获得权力的活动	自信、进取、精力充沛、盛气凌人	法官、房地产经纪人、公关专家、小企业主
艺术型——偏好需要创造性表达的模糊，且无规则可循的活动	富有想象力、无序、杂乱、理想、情绪化、不实际	画家、音乐家、作家、室内装饰师

霍兰德的研究告诉我们只有选择了合适的职业，才能充分挖掘自身潜力，发挥才干，只有实现了个性和职业的匹配，才能产生更高的工作绩效和工作满意度。

但是，这种对于人格性向的划分并不是绝对的，现实中的个体往往是具有多种性向的。霍兰德用一个正六边形进一步说明了这种情况，如图8-1所示。

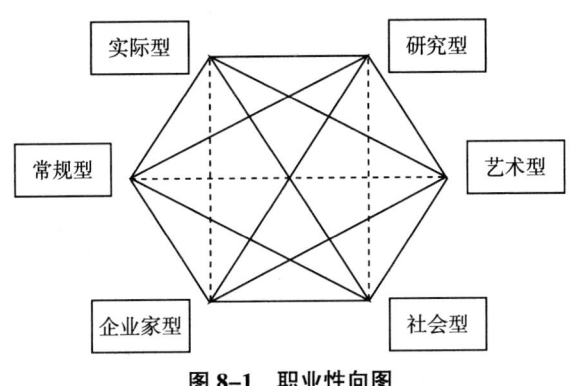

图 8-1　职业性向图

资料来源：加里·德斯勒. 人力资源管理[M]. 北京：中国人民大学出版社，1999.

正六边形的每一个角代表一种职业性向，用直线连接各个性向，连线距离越短，则表明两种类型的性向相关性越大。如果一个人的两种性向相关性比较大，那么他很容易选定一种职业。如果他的性向是相对立的，那么他在进行职业选择的时候就会面临两难的困境。

（二）职业锚理论

职业锚理论是由美国社会心理学博士埃德加·施恩提出来的。所谓职业锚是指个人在选择和规划自己的职业时所关注的焦点。简单来讲，就是当必须做出职业选择时，个人绝不会放弃的至关重要的东西或价值观。

职业锚的形成需要一个过程，只有当一个人对自己的能力、性格、需求等有了清楚的认识之后，他才会意识到自己的职业锚是什么。

施恩认为一个人的职业规划和发展是一个持续不断的过程，在这个过程中，个人不断加深对自己的能力、兴趣、动机、需求等方面的了解，逐渐形成一种占重要地位的职业锚。施恩同时指出，要提前预测一个人的职业锚是非常困难的，因为一个人的职业锚是不断变化的，是一个在不断探索过程中形成的动态结果。施恩根据自身多年的研究，提出了五种不同类型的职业锚：

1. 技术型职业锚

这一类型的人大多对管理工作不感兴趣，他们喜欢探讨和钻研技术，如果有充分的自我选择条件，他们一般会选择从事技术性工作。

这种类型的员工在面对职业选择和决策的时候，会将注意力放在工作的实际技术内容方面，对于他们来讲，职业生涯的发展就是在自己的专业领域不断的学习和提高。

2. 管理型职业锚

具有这种职业倾向的人通常对管理工作非常感兴趣，他们有高度的责任感，较强的自控能力，他们情商高，喜欢与人打交道，而且希望能够担任较高的管理职位，晋升欲望强烈。这种类型的人一般认为自己具备了胜任管理工作所需的知识和能力。通常情况下，这类人在分析问题、人际交往以及情感处理方面的能力非常强。他们能够在信息有限以及不确定的情况下识别、分析、解决问题；他们能够组织、领导其他人有效地完成组织目标；他们能够勇于承担责任，化解危机。

3. 创造型职业锚

具有这种职业倾向的人有强烈的创造欲望，他们所追求的就是通过自己的努力创造出属于自己的成就。因此，他们需要有更大的自主权、有自由的空间施展自身的才华。他们会为了工作废寝忘食，但是他们厌倦或是无法适应循规蹈矩的程序化工作，也不愿意担任企业的管理工作。

4. 自主/独立型职业锚

具有这种职业倾向的人崇尚自由和自我才能的发挥，他们难以忍受限制和约束，对工作有强烈的需求和感受。

这种类型的人所追求的是自由自在的工作和生活方式，他们希望能够自主选择工作时间、工作地点以及工作方式。他们可能会成为自由职业者、大学教授、咨询专家等。

5. 安全/稳定型职业锚

具有这种职业倾向的人看重的是长期的职业稳定、收入稳定、工作保障等。公务员应该是这种类型的人所希望的职业。

五种类型的职业锚可能无法涵盖实际中所有的职业倾向类型，但是它为职业生涯管理提供了一定的理论依据。

无论哪一种理论都不可能将现实中所有的情况囊括在内,但是所有的职业生涯管理理论都告诉我们,在进行职业选择的时候,一定要结合自己的人生观、价值观、个性特征、专业知识和技能等因素进行综合考虑。

【案例8-1】

职业倾向测试

为了确定适合你的最佳职业,这里介绍一种简单的测试方法。

测试目的:看你对哪种职业的工作有极大的倾向值或有潜力,以便帮助你选择和确定自己的最佳职业。

测试方法:以下前10道题为A组,后10道题为B组。每组各题你认为"是"的打1分,"不是"的打0分,然后,比较两组答案的分值。

(1)当你正在看一本关于谋杀的小说时,你是否常常能在作者未交代结果之前知道作品中哪个人物是罪犯?

(2)你是否很少写错别字?

(3)你是否宁可参加音乐会也不愿意待在家里闲聊?

(4)墙上的画挂歪了,你是否想去扶正?

(5)你是否经常论及自己看过或听过的事物?

(6)你是否宁可读一些散文或是小品文而不愿意看小说?

(7)你是否愿意少做几件事但一定要做好,而不想多做几件事而马马虎虎?

(8)你是否喜欢打牌或下棋?

(9)你是否对自己的消费预算均有控制?

(10)你是否喜欢学习能使钟、开关、马达发生效用的原理?

(11)你是否很想改变一下日常生活中的惯例,使自己有一些充裕的时间?

(12)闲暇时,你是否喜欢参加一些运动,而不愿意看书?

(13)你是否认为数学不难?

(14)你是否喜欢与比你年轻的人在一起?

(15)你能列出5个你自己认为够朋友的人吗?

(16) 对于你能办到的事情别人求你时，你是乐于助人还是怕麻烦？

(17) 你是否不喜欢太细碎的工作？

(18) 你看书是否很快？

(19) 你是否相信"小心谨慎，稳扎稳打"是至理名言？

(20) 你是否喜欢新朋友、新地方和新东西？

测试分析：

若 A 组分值高于 B 组分值，表明你是一个精深的人，适合从事需要耐心、谨慎和研究等细琐的工作，如医生、律师、科学家、机械师、修理人员、编辑、哲学家、工程师等。

若 B 组分值高于 A 组分值，表明你是一个广博的人，最大的长处在于成功地与人交往，你喜欢有人来实现你的想法。适合做人事、顾问、运动教练、服务员、演员、广告宣传、推销员等工作。

若 A、B 两组得分相等，则表明你不但能处理琐碎细事，也能维持良好的人际关系。适合的工作包括护士、教师、秘书、商人、美容师、艺术家、图书管理员、政治家等。

资料来源：http://www.chinahrd.net/.

第二节　组织职业生涯管理

海阔凭鱼跃，天高任鸟飞。

——佚名

组织职业生涯管理是指组织为了更好地促使组织和个人目标的达成，而采取的旨在开发员工潜力的一系列计划、组织、领导和控制的管理活动。这一定义主要是从组织的角度来探讨职业生涯，主要是通过调整与组织相关的内容来为员工的职业生涯发展提供好的平台。

一、组织职业生涯管理的过程

组织职业生涯管理首先根据组织的发展以及绩效考评的结果,由上司及员工设立职业发展目标,然后结合绩效考评、心理测试等结果,判断员工职业发展目标的合理性。如果不合理,则需重新确定职业生涯目标;如果合理,则进一步了解员工发展现状,以及与职业生涯目标的差距,并制定相应的职业生涯发展措施。实施一段时间后,再检验职业生涯目标的落实状况,并分析判断职业生涯目标的合理性。如果合理,则执行原计划,否则,则应调整职业生涯目标,重新规划和实施。组织职业生涯管理的具体流程如图8-2所示。

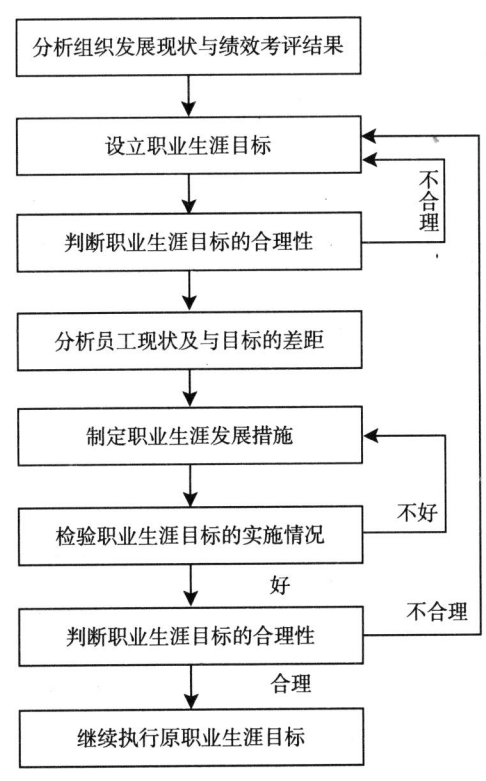

图8-2 组织职业生涯管理过程示意

二、组织职业生涯管理的内容

（一）职业路径

职业路径是组织为员工所设计的一整套管理方案，包括员工的自我认识、发展过程、晋升方案等。通过职业路径，员工将更加清晰自己未来的发展方向和发展目标。

职业路径主要分为以下四种：

1. 传统职业路径

传统职业路径就是根据组织过去一贯的发展道路而制定的员工职业发展模式。传统的职业发展路径是以现有的、稳定的组织结构层级为基础，一般情况下，现阶段的工作是职业发展下一阶段的基础。但是，随着组织结构扁平化程度的加深，组织边界也越来越模糊，传统的职业发展路径不再适合现今的组织结构。

2. 行为职业路径

行为职业路径是通过对现有工作岗位上的行为需求进行分析，从而设计的员工职业发展路径。这种职业发展方式以工作需求为基础，因此作为管理者应该清楚地知道组织的战略目标是什么，以及人力资源管理与组织竞争优势之间的关系是什么，只有这样，员工的发展才能满足组织发展的要求，进行实现人与组织的协调发展。

3. 横向职业路径

组织所设计的员工职业路径可以包括横向的变动，这种方式可以增加员工工作多样性、培养员工更加广泛的兴趣，让员工获得多方面的能力，从而为员工未来的职业发展拓宽了道路。横向职业发展路径主要通过工作丰富化及工作轮换的形式完成，这种发展路径主要适合具有较强学习能力并且善于沟通的员工。

4. 双重职业路径

双重职业路径最初是用来解决那些不愿进入管理层的技术专家的职业发展问题。该职业发展路径提供两条同等薪酬水平、同等地位的发展道路（见图8-3）。

在这种发展路径中,员工可以根据自己的特质、兴趣来选择自己的发展方向,一方面可以进入管理层,另一方面也可以进入某一专业领域做专家。

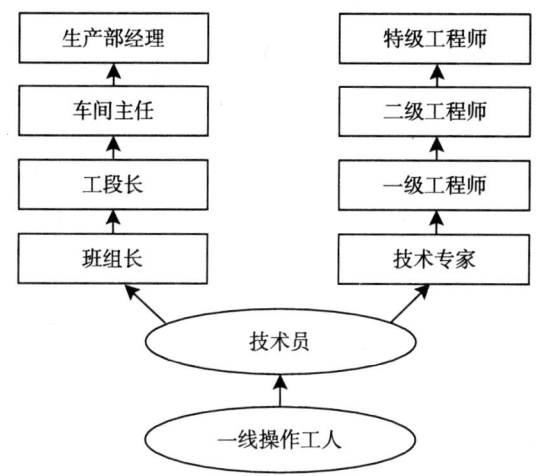

图 8-3 某制造企业员工双重职业发展路径

(二)提供内部劳动力市场信息

企业内部的人力资源供给状况是企业人力资源供给预测的一个重要方面。组织职业生涯管理可以及时地发现组织内部的劳动力情况,从而实现企业对内部的人力资源供给状况的动态监测。同时,企业通过公布工作空缺信息、介绍职业发展通路或职业阶梯、建立职业资源中心等为员工提供内部劳动力市场信息。

(三)成立潜能评价中心

主要针对企业专业人员、管理者、技术人员提升的可能性进行评价。主要的评价方法包括以下几种:

1. 评价中心

评价中心用于确定管理候选人,并为其制订和设计职业发展规划培训方案。

2. 心理测验

运用心理学测验工具对个人职业潜能、兴趣、价值观等进行检测。

3. 替换或继任规划

替换或继任规划主要用于管理人员的接替或是继任。

(四) 实施发展项目

无论企业与员工采取的是哪一种职业发展路径，员工在制订好职业发展规划之后，所面临的最重要的问题就是计划的实施，企业应该为员工职业发展提供必要的条件。目前企业所采取的主要措施有：工作轮换，增加员工工作的多样性；对员工进行培训；组织员工参加有关的研讨会；专门对管理者培训或实行双重职业计划。

(五) 工作—家庭平衡计划

组织成员除了工作以外还承担着家庭责任，工作—家庭平衡计划的目的就是协调员工工作与家庭生活之间的关系，缓解工作与家庭之间的矛盾，减轻因家庭关系问题给员工造成的过大压力。工作—家庭平衡计划就是要帮助员工寻找工作与家庭的平衡点。因此，组织必须了解员工生活状况以及工作对家庭生活所造成的影响，寻找合理的方法帮助员工克服实际困难。

(六) 职业咨询

职业咨询是指帮助那些被解聘的员工进行职业规划，重新进行职业选择，并向他们提供一部分资助以解决职业转换时期的困难。职业咨询是企业人本管理的一种体现，企业提供职业咨询，在帮助退职员工解决问题的同时，可以提高企业的社会形象。

第三节 个人职业生涯管理

快乐的秘诀：不是做自己喜欢的事，而是去喜欢自己做的事。

——佚名

个人职业生涯管理是个人对要选择的行业，进入这个行业后要谋求的职业、选择的组织、达到的成就以及实现个人目标的途径所进行的管理。

员工的个人职业生涯管理不仅仅是个体行为,它与家庭以及社会都有十分密切的关系,因此要根据个人的实际情况制订相应的计划。

一、个人职业生涯的发展方向

个人职业生涯发展计划可以分为三个方向:

(一)纵向发展

纵向发展是指个人所担任的职务等级由低到高的传统职业发展路径。这也是最为普遍的个人职业生涯发展计划。这种发展路径与组织职业生涯管理的纵向发展路径是一致的。

(二)横向发展

横向发展是指个人在组织内同一层级的不同职务之间转换,这种发展方式可以帮助个体扩大知识面,培养多方面的能力,为以后的职业发展拓宽道路。横向发展有助于个人熟悉公司内部各个部门的业务,并在横向发展的过程中建立起一种全局系统思考解决问题的思维方式,有利于综合素质的培养。与组织职业生涯管理的横向发展路径也是一致的。

(三)向核心方向发展

这种发展虽然没有职务纵向或横向的提升,但是个人向企业的核心发展方向靠近,有机会参与企业重大决策的制定,可以担任更加重要的工作,承担更大的责任,从而提高工作成就感。具有专业知识、信息处理能力、特长、善于沟通等综合素质的人更易于采用这种发展方式。

当然,以上三种发展方式并不是完全孤立的,个人的职业发展可能同时包括上述的两种或是三种方式。

二、个人职业生涯管理的基本准则

个人职业生涯管理应该遵守如下准则:

（一）择己所爱

选择一份自己喜欢的职业。孔子曰："知之者不如好知者；好之者不如乐知者。"兴趣永远是最好的老师，选择自己喜欢的职业更易于在这一领域取得优秀的成绩，最重要的是，可以真正地做到快乐的工作，提高自己的工作满意度与幸福指数。

（二）择己所长

选择一份能够发挥自己所长的工作。每个人有不同的特质，不同特质的人会选择不同的工作，因此，在进行职业生涯规划的时候要考虑到自己的特质适合做什么工作。只有适合了，才可能做得优秀。

（三）择世所需

结合社会需求进行职业选择。马云曾说："未来的企业成功的标志就在于是否解决社会问题。"也就是说，根据社会需求来调整企业的发展方向才能在社会中显示企业的价值，企业才有存在的必要。同理，在进行职业生涯规划的时候一定要考虑社会的需求，社会有需求，工作才有价值。

（四）择己所利

选择一份能够给自己带来最大效益的工作。工作的目的主要有两个方面，一个是创造社会财富，满足社会需求；另一个是满足自己的需求。其实这两个根本上是一致的，职业生涯的规划要做到用长远的眼光看问题，不拘泥于眼前的利益。人生是一个很长的过程，我们要追求的是整体效益最优，只有这样，职业生涯才有意义，才能对你的职业发展起到帮助的作用。

三、个人职业生涯管理的步骤

按顺序依次回答以下六个问题，就完成了个人职业生涯管理的整个过程。

（一）我喜欢做什么

从事一项自己喜欢的工作，本身就能给自己带来一种满足感，而且有兴趣才会有更大的动力去克服困难，取得成功。因此，在进行个人职业生涯规划的时候首先要考虑自己的兴趣所在。研究表明，热衷于某项工作的时候往往能够获取更大的成就。

(二) 我擅长做什么

从事任何一项工作都需要从业者具备相应的技能，而个人所掌握的技能是有限的。因此，应该明确自己最擅长的工作是什么，自己具有哪方面的技能。

管理学大师彼得·德鲁克在《哈佛商业评论》中发表的一篇名为《管理自己》的文章中强调，充分发挥自己长处的重要性，指出这是成为杰出人士的必由之路。对于集体来说，要尽量克服的是"短板定理"，对个人来说，最重要的不是如何补齐"短板"，而是如何发挥自己的所长。

(三) 我面临的环境状况怎么样

要充分考虑外部环境情况，通过分析外部环境认清自己所面临的机遇和挑战，同时找出自己可以从环境中所获取的支持和帮助。

(四) 我的目标是什么

确定自己的人生目标，在理想的框架内制定职业生涯目标。工作是生活的一部分，在进行职业生涯管理的时候必须清楚自己想要的是什么，如何使职业选择给自己带来最大的效益。这里不仅仅要考虑工作收入、社会地位，还要考虑个人的人生观、价值观、成就需要、幸福感等因素。

(五) 如何做好职业生涯规划

职业生涯规划应该分为短期、中期和长期计划。一般来说，短期计划就是1年的职业生涯规划，3~5年为中期的职业生涯规划，五年以上为长期的职业生涯规划。

职业生涯规划中应该包括实现目标的一系列行动计划，在短期规划中更为具体，而长期规划中更多的是一些纲领性的计划。

(六) 职业生涯规划进展情况如何

要及时对照职业生涯规划，检查进展情况，并依据环境的变化，对职业生涯规划进行调整。

【案例8-2】

万科的员工职业生涯规划

万科是中国房地产行业的领跑者,是国内首批公开上市的企业之一,是中国房地产界的"黄埔军校",是房地产企业中为数不多的公开宣称只赚阳光利润的企业,曾选入中国最受尊敬的6大上市公司之一。

万科十分关注员工的职业生涯发展。按照万科的理念,鼓励一个人终身做不适合自己的工作,就是对双方不负责任的表现,不如引导和帮助员工寻找更适合个人发展的职业空间。万科强调"个人自主选择性"和"企业对人的可替换性"。万科推行管理与技术并行的双重职业发展道路,员工可以在一个或几个相关领域里持续深入地发展;也可以通过协调、组织团队成员工作,完成团队目标,发展自己在管理方面的能力。

员工在企业里的职业生涯推进,往往是以其在企业中的岗位变迁为标志的。2002年以后,万科人力资源部开始描绘企业的岗位地图,试图对整个集团所有岗位进行描述,包括职责描述和入职能力描述。员工通过各种测试手段进行自我优势测评之后,对照图上的岗位描述,就可以了解自己与目标岗位入职要求的差距,从而决定个人的职业发展路径。岗位地图使主动地职业发展规划成为可能,同时也使企业高效地进行内部培养成为可能。对照企业的岗位地图,员工可以主动选择自己的方向,万科也可以根据企业发展的步伐,有针对性地对员工进行职业发展引导,同时提高职业发展所需的增值机会,包括各种培训和挂职交流。

万科在基层管理人员的选拔上采取竞聘形式。让员工"有意愿,讲出来;有勇气,跳出来"。从"服从命令"到"主动请缨",从"要我去"到"我要去",充分尊重了员工职业发展的自主选择权。三十年来持续不断的专业团队建设使万科形成了和谐而富有激情的工作氛围,并得以吸引一大批优秀的人才来到这个健康丰富人生的地方。

资料来源:吴冬梅等.人力资源管理案例分析[M].北京:机械工业出版社,2008.

本章小结

本章主要介绍了职业生涯管理以及组织和个人职业生涯管理的具体内容。

职业生涯管理是现代企业人力资源管理的重要内容之一,职业生涯是指人一生中所度过的与工作相关的经历(如职位、职责等)和工作时期的变化历程。职业生涯发展阶段分为成长阶段、探索阶段、确立阶段、维持阶段和下降阶段。

组织职业生涯管理是指组织为了更好地促使组织和个人目标的达成,而采取的旨在开发员工潜力的一系列计划、组织、领导和控制的管理活动。主要是从组织的角度来探讨职业生涯,主要是通过调整与组织相关的内容来为员工的职业生涯发展提供好的平台。

个人职业生涯管理是个人对要选择的行业,进入这个行业后要谋求的职业、选择的组织、达到的成就以及实现个人目标的途径所进行的管理。

第九章 劳动关系管理

开篇案例

富士康"连环跳"

富士康科技集团（后文简称富士康）创立于1974年，是专业从事电脑、通信、消费电子、数位内容、汽车零组件、通路等6C产业的高新科技企业。凭借扎根科技、专业制造和前瞻决策，自1974年在台湾肇基，特别是1988年在深圳地区建厂以来，富士康迅速发展壮大，拥有60余万员工及全球顶尖IT客户群，成为全球最大的电子产业专业制造商。2008年富士康依然保持强劲发展、逆势成长，出口总额达556亿美元，占中国大陆出口总额的3.9%，连续7年雄踞大陆出口200强榜首，跃居《财富》2009年全球企业500强第109位。

在企业高速发展的同时，这一世界第一大OEM厂商在2010年上半年开始，接连出现跳楼事件，富士康瞬间登上各大新闻的头条，备受社会各界关注。以下为富士康部分跳楼员工：

1月23日 19岁员工马××死亡。警方调查，马××系"生前高坠死亡"。

3月17日 龙华园区，新进女员工田×从3楼宿舍跳下受伤，17岁。进富士康之前，活泼开朗。

3月29日 龙华厂区，一男性员工从宿舍楼上坠下，当场死亡，23岁。

4月6日 观澜C8栋宿舍女工饶××坠楼，仍在医院治疗，18岁。

4月7日 观澜厂区外宿舍，宁姓女员工坠楼身亡，18岁。

4月7日　观澜樟阁村，富士康男员工身亡，22岁。

5月6日　龙华厂区男工卢x从阳台纵身跳下身亡，24岁。大学毕业生，进富士康之前，开朗爱笑，喜欢唱歌，参加过"快乐男生"选秀节目。

5月11日　龙华厂区女工祝xx从9楼出租屋跳楼身亡，24岁。

5月14日晚　龙华园区福华宿舍一名梁姓员工从7楼坠楼身亡，21岁。父母称儿子自小懂事聪明外向。

5月21日4时50分　富士康发生"第10跳"，死者为21岁男性员工。

5月25日　富士康科技集团观澜园区华南培训中心一名员工坠楼死亡。

5月26日晚11点　富士康深圳龙华厂区大润发商场前发生员工跳楼事件。19岁，职校毕业生。

5月27日　凌晨又有一位约20岁男性职工凌晨4时左右，在富士康鸿泰职工宿舍区，割腕自杀。

……

资料来源：夏志强，杨江.劳动关系与劳动法［M］.成都：四川大学出版社，2007.

【案例启示】 富士康的悲剧，令我们深思现代企业内部的劳动关系现状，为我们开展劳动关系管理敲响了警钟。为什么会出现如此多的自杀事件？在企业内部到底存在什么样的压力可以让这些年轻人放弃自己的生命？作为企业应该怎么处理劳动关系？

本章您将了解到：
- 劳动关系的含义及相关法律
- 社会保险的含义及类型
- 员工参与管理的形式
- 劳动争议的含义及解决途径

第一节　劳动关系及有关法律概述

　　法律是保障一切权益的最后一道屏障，所以企业和员工都应该利用好这一工具。

——佚名

一、劳动关系

　　劳动关系是指劳动者与组织之间由于雇佣关系而在劳动过程中建立起来的关系。这种关系是由双方为维护自己的利益而形成的，具体表现为合作、冲突等关系的总和。劳动关系问题是管理学中一个特定的研究领域，以研究与雇佣行为管理有关的问题为核心内容。劳动关系在不同的国家或地区，又有不同的叫法，如劳资关系、雇佣关系、劳工关系等。

　　劳资关系是最传统的称谓，主要存在于西方资本主义国家，反映的是资本和劳动之间的关系。在资本主义发展初期，劳资关系所表现的社会内容蕴含着劳资双方冲突与对抗的意义。

　　雇佣关系也是建立在资本与劳动的关系上，但是与劳资关系相比雇佣关系更关注的是雇佣者与被雇佣者之间在法律基础上建立起来的关系，强调的是双方的权利和义务结构。

　　劳工关系是我国台湾地区和海外华人学者经常使用的概念，它侧重于研究以劳工为重点和核心的劳动关系，突出劳工及其团体，强调劳工团体与雇主之间的互动过程，如集体谈判。

二、与劳动关系有关的法律法规

与劳动关系有关的各法律法规对涉及劳动关系的不同层面进行了详细的规定，使企业和员工均能依据法律的规定维护自己的合法权益（见表9-1）。

表9-1　与劳动关系有关的部分法律法规

类　别	法律法规	发布部门	发布日期
劳动合同制	中华人民共和国劳动法	全国人大	1995.01.01
劳动合同制	中华人民共和国劳动合同法	全国人大常务委员会	2008.01.01
招工管理	公司法	全国人大常务委员会	2006.01.01
劳动合同制、招工管理	国营企业实行劳动合同制暂行规定	国务院	1986.07.01 于1992.05.08 修改
	国营企业招用工人暂行规定	国务院	1986.07.12
劳动合同制、招工管理	全民所有制企业临时工管理暂行规定	国务院	1989.10.05
	禁止使用童工规定	国务院	1991.04.15
	全民所有制企业招用农民合同制工人的规定	国务院	1991.07.25
工资	工资基金暂行管理办法	国务院	1985.09.24
	国务院关于工资总额组成规定	国务院	1990.01.01
	关于进一步改进和完善企业工资总额同经济效益挂钩的意见	劳动部、财政部、国家计委	1989.03.06
	关于进一步加强工资基金管理的通知	国务院	1989.03.30
	关于加强城镇集体所有制企业职工工资收入管理的意见	劳动部、财政部、国家计委国家税务局	1990.10.22
工人考核、奖惩	工人考核条例	国务院	1990.07.22
	企业职工奖惩条例	国务院	1982.04.10
	国营企业辞退职工暂行规定	国务院	1986.07.12
职工工作时间、劳动保护	关于职工工作时间的规定	国务院	1995.05.01
	贯彻《国务院关于职工工作时间的规定》的实施办法	劳动部	1995.05.01
	女职工劳动保护规定	国务院	1988.09.01
职工工作时间、劳动保护	企业职工伤亡事故报告和处理规定	国务院	1991.05.01
	关于重视安全生产控制伤亡事故恶化的意见	全国安全生产委员会	1986.03.05
待业、退休富余职工安置、养老保险	国有企业职工待业保险规定	国务院	1993.05.01
	国有企业富余职工安置规定	国务院	1993.04.20
	关于工人退休退职的暂行办法	国务院	1978.06.02
	关于企业职工养老保险制度改革的决定	国务院	1991.06.26
职代会、工会	全民所有制工业企业职工代表大会条例	全国总工会	1986.09.15
	中华人民共和国工会法	全国人大常委会	1992.04.03
	中国工会章程	全国总工会	1993.10.30

三、《中华人民共和国劳动合同法》解读

《中华人民共和国劳动合同法》简称《劳动合同法》，它的出台标志着我国在完善劳动保障法律体系方面迈出了重要一步。《劳动合同法》是对劳动合同制度的进一步完善，它既坚持了《劳动法》确立的劳动合同制度的基本框架，同时又针对性地解决了现行劳动合同制度中存在的主要问题，使之进一步完善。

（一）劳动关系方面

《劳动合同法》明确规定："建立劳动关系，应当订立书面劳动合同。"这项规定是为了保护事实劳动关系中劳动者的权益。因此企业应积极与员工订立劳动合同。

（二）合同必备条款方面

《劳动合同法》规定的劳动合同必备条款与《劳动法》有关规定相比，有较大变化，《劳动合同法》中增加了对用人单位的规定和工作地点、工作时间及休息休假、社会保险、职业危害防护等条款；取消了劳动纪律条款、劳动合同终止的条件条款、违反劳动合同的责任条款。用人单位原则上不享有单方变更工作岗位和工作地点的权利。用人单位仅有在与劳动者协商一致或者劳动者不能从事原工作、不能胜任的情况下，可以变更劳动者的工作地点和工作岗位。

（三）劳动合同期限方面

《劳动合同法》中关于劳动合同期限分类的规定与《劳动法》中的规定是相同的。

同时，《劳动合同法》还提倡用人单位与劳动者订立更长期限的固定期限劳动合同以及无固定期限劳动合同。但是，以完成一定工作任务为期限的劳动合同是不能约定试用期的。订立以完成一定工作任务为期限的劳动合同必须符合以下条件：一是工作任务是特定的；二是该工作任务有较为明确的完成期，即并不具有继续性。同时，以完成一定工作任务为期限的劳动合同不能续订，应在工作任务完成后即告终止，不得以订立完成一定工作任务为期限的劳动合同为由避免订立

无期限劳动合同。

（四）试用期方面

试用期是用人单位与劳动者在劳动合同中协商约定的对劳动者的考察期。除了沿用《劳动法》中有关试用期的一些规定外，《劳动合同法》还针对实践中一些用人单位滥用试用期的问题作出了一些新规定。试用期必须以书面形式明确约定，超长约定的试用期应该部分无效。"一次试用"应该理解为，同一用人单位对于同一劳动者就同一劳动关系只能试用一次。

（五）违约责任方面

《劳动法》规定用人单位与劳动者可以在不违法的前提下自由约定违约责任，于是一些用人单位借此约定在劳动者单方解约时必须向单位交纳违约金，这实际上剥夺了劳动者依法解除劳动合同的权利和自主择业的权利，如案例9-1。

【案例 9-1】

飞行员辞职引发的劳动争议

青岛4名飞行员张先生、李先生、于先生和赵先生。他们分别于2000年、2001年和2002年与航空公司签订了无固定期限劳动合同。4人中，张先生的年龄最大，也是在该航空公司工作时间最长的一位。2007年9月，4名飞行员以"长期以来公司提供的工作、生活环境让自己感到身心疲惫，心理压力很大，且缺少正常的归属感和保障感"为由，书面向公司提出了辞职申请。2007年11月23日，劳动争议仲裁委员会第一次开庭审理了此案。庭审中，在航空公司提起的反诉请求中，要求4名飞行员向公司赔偿培训费、违约金和经济损失。其中张先生的赔偿金高达7124329.84元。而4人的总赔偿金额超过2000万元。

资料来源：http://cq.qq.com/a/20080105/000120.htm.

针对这一问题，《劳动合同法》对劳动合同中约定的违约金做出了新规定：①只有在涉及服务期以及竞业禁止限制的情形下，用人单位才可以和劳动者约定违约金。②单位要求劳动者支付的违约金数额不得超过服务期尚未履行部分所应分摊的培训费用。③明确了劳动者依法行使法定辞职权时，不需要给用人单位违约金。

（六）劳动合同履行和变更方面

《劳动合同法》还补充规定了《劳动法》中关于劳动合同履行和变更的规定，其中包括：规定了劳动合同履行的一般原则；规定了特殊情形下劳动合同的履行；规定了劳动合同变更的一般原则；规定了劳动合同变更的形式。

（七）关于劳动合同解除的分类及基本原则方面

《劳动合同法》延续了《劳动法》中的一些规定，同时，《劳动合同法》还做出一些新规定：补充规定了劳动者可以立即解除劳动合同的类型；修改了劳动者可以随时通知解除劳动合同的情形；补充规定了用人单位可以随时通知劳动者解除劳动合同的情形；增加了用人单位提前三十日以书面形式通知劳动者解除劳动合同的替代方式及限制情形；修改了用人单位裁减人员的规定；增加了用人单位提前三十日以书面形式通知裁减相关人员的限制情形。

（八）劳动合同终止方面

《劳动合同法》调整了有关劳动合同终止的规定：对于劳动合同约定终止的规定取消，限定劳动合同只在法定情形出现时终止，同时对劳动合同法定终止的情形以及终止劳动合同的限制情形做了说明。

（九）解除和终止劳动合同的经济补偿方面

除了延续《劳动法》中有关规定外，《劳动合同法》还做出了一些新的规定：一是增加规定了对因用人单位的违法行为导致劳动合同解除的，用人单位支付经济补偿的情形；二是增加规定用人单位支付经济补偿的劳动合同终止情形；三是增加规定了向高收入劳动者支付经济补偿的限额。

（十）其他

（1）《劳动合同法》将一些经过实践检验的政策上升为法律规定，并补充了《劳动法》、《工会法》确立的集体合同制度。为了提高集体合同的针对性和实效性，更好地衔接正在制定之中的《劳动争议调解仲裁法》，《劳动合同法》还修改了《工会法》中关于因履行集体合同发生争议的处理办法。

（2）鉴于劳务派遣这种工作形式越来越普遍，而实际中，被派遣劳动者的权益得不到有效保护的现实，《劳动合同法》对劳务派遣用工形式做出了规范，以保障劳务派遣工的合法权益。

（3）《劳动合同法》在法律层面上对非全日制用工问题做出了特殊规范：①非全日制劳动者建立多重劳动关系，必须遵守标准工时制度和特殊的劳动保护制度规定。非全日制劳动者建立多重劳动关系不包括同时从事非全日制劳动和全日制劳动的情形。②非全日制劳动者每周也应至少休息1日。非全日制劳动合同不得约定试用期。非全日制劳动合同可以随时通知终止，且无须支付经济补偿金。③非全日制用工小时计酬标准不得低于用人单位所在地人民政府规定的最低小时工资标准。非全日制用工劳动报酬结算支付周期最长不得超过15日。

第二节　企业对员工的社会保障责任

企业的目标不仅是利润，还有社会责任。

——佚名

一、社会保障

社会保障是我国重要的社会经济制度之一。健全的社会保障制度是维护社会稳定，促进经济发展的重要保证。社会保障的目的是保障社会成员免遭年老、疾病、失业、伤残、生育等原因的影响，增强他们的生活安全感。

国家的社会保障体系包括社会保险、社会救济、社会福利、社会优抚、安置等。其中，社会保险是整个社会保障体系的核心。因此，企业必须承担起对员工的社会保障责任。这里主要介绍企业必须为员工提供的社会保险。

二、社会保险概述

(一) 社会保险的含义

社会保险是指由国家法律规定的，面向劳动者建立的，由专门机构向劳动者及其雇主征集专门的资金，用于保障劳动者失去劳动收入后的生活的一种补偿制度。

中国的社会保险包括养老保险（含城镇职工基本养老保险、企业年金、个人储蓄性养老保险、农村养老保险等）、医疗保险（含城镇职工基本医疗保险、城镇居民医疗保险和新农村合作医疗保险）、失业保险、工伤保险、生育保险五种，即俗称的"五险一金"中的五险。

(二) 社会保险与商业保险的区别

社会保险与商业保险的区别主要表现在四个方面：实施目的、实施方式、实施主体和对象、保障水平（见表9-2）。

表9-2 社会保险与商业保险的主要区别

	社会保险	商业保险
实施目的	为社会成员提供必要时的基本保障，不以营利为目的	保险公司的商业化运作，以获取利润为目的
实施方式	根据国家立法强制实施的	由企业和个人自愿投保
实施主体和对象	由国家成立的专门性机构进行基金的筹集、管理及发放，其对象是法定范围内的社会成员	保险公司来经营管理的，被保险人可以是符合承保条件的任何人
保障水平	以满足公民的基本生活需求为标准，其水平高于社会贫困线，低于社会平均工资的50%，保障程度比较低	保障水平完全取决于保险双方当事人的约定和投保人所缴纳保险费用的多少，只要符合投保条件并有一定的缴费能力，被保险人可以获得较高水平的保障

三、社会保险的基本类型

(一) 基本养老保险

基本养老保险是国家为保障劳动者离休退休后的基本生活而提供物质帮助的

一种社会保险制度。养老保险是世界各国普遍实行的一种社会保障制度。

在我国,劳动者享受基本养老保险的条件因劳动者退出劳动领域的原因不同(退休、离休和退职①)而有所不同。由于离休与退职在企业实践中较少出现,在此主要介绍因退休而享受基本养老保险待遇的条件,具体如表9-3所示。

表9-3 享受基本养老保险待遇的条件

相关文件	参保人员享受基本养老金的年龄条件
国发〔1978〕104号文件	参保单位男职工年满60周岁,女职工年满50周岁,女干部年满55周岁
国发〔1978〕104号文件和劳社部发〔1999〕8号文件	国有企业和城镇县以上集体企业职工,从事井下、高空、高温、特别繁重体力劳动或者其他有害身体健康的工作达到规定的工作年限(从事高空和特别繁重体力劳动的工作满10年,从事井下和高温工作满9年,从事有害身体健康工作满8年),男年满55周岁,女年满45周岁
劳社部发〔2001〕20号文件	参加基本养老保险的城镇个体工商户和灵活就业人员、农民合同制职工,男年满60周岁,女年满55周岁
国经贸企改〔1999〕301号文件、领导小组文件〔2000〕15号、国发〔1994〕59号、国发〔1997〕10号等文件	列入国务院批准的全国破产项目的破产企业职工,男年满55周岁,女年满45周岁,女干部年满50周岁
中办发〔2000〕11号文件	因资源枯竭而关闭破产的中央所属核工业矿、原中央所属现已下放地方管理的煤矿及有色金属矿、地处深山职工再就业困难的三线企业(原国防科工委〔1984〕计研字第1239号文件确定的名单中未实施三线调迁的企业),其企业全民所有制职工(含劳动合同制职工)男年满55周岁、女年满45周岁、女干部年满50周岁,从事提前退休工种工作并达到规定的工作年限的职工,男年满50周岁,女年满40周岁

(二) 医疗保险

医疗保险是当人们生病或受到伤害后,由国家或社会给予的一种物质帮助,即提供医疗服务或经济补偿的一种社会保障制度。

《国务院关于建立城镇职工基本医疗保险制度决定》中明确规定了城镇职工基本医疗保险制度的覆盖范围为:城镇所有用人单位,包括企业(国有企业、集体企业、外商投资企业、私营企业等)、机关、事业单位、社会团体、民办非企

---

① 退职:非因工负伤并经劳动能力鉴定委员会鉴定、完全丧失劳动能力且不符合退休年龄条件或工龄条件或其他退休条件的参保人员,应当退职,享受基本养老保险待遇。

业单位及其职工。乡镇企业及其职工、城镇各经济组织的业主及其从业人员是否参加基本医疗保险,由各省、自治区、直辖市人民政府决定。

1. 劳动合同制员工的医疗保险

劳动合同制员工是指正式与用人单位签订了受法律保护的劳动合同的劳动者。劳动合同制员工与劳务派遣制员工是不同的,劳务派遣制员工是指那些和用人单位委托的劳务公司或人力资源中心签订劳动合同的劳动者。

《违反和解除劳动合同的经济补偿办法》第6条规定:劳动合同制职工按其工作年限和在本单位工作年限的长短,给予一定时间的医疗期;在医疗期内,其医疗待遇和病假工资与固定职工相同;医疗期满后不能从事原工作,也不能从事用人单位另行安排的工作而解除劳动合同的,用人单位应按其在本单位的工作年限,每满一年发给相当于一个月的工资的经济补偿金,同时还应发给不低于6个月工资的医疗补助费。患重病和绝症的还应增加医疗补助费,患重病的增加部分不低于医疗补助费的50%,患绝症的增加部分不低于医疗补助费的100%。

2. 农民合同制工人的医疗保险

农民合同制工人是指从农民群体中招聘的,劳动期限在一年以上,签订劳动合同的工人,包括从农民中招用的定期轮换工。

根据国务院《全民所有制企业招用农民合同制工人的规定》,农民合同制职工患病和非因公负伤,企业应根据其在本单位的合同期限的长短给予3~6个月的停工治疗期,医疗待遇和病假工资待遇应与城镇合同制职工相同;停工医疗期满不能从事原工作而被解除合同的,企业发给相当于本人3~6个月标准工资的医疗补助费。

《全民所有制企业临时工管理暂行规定》中明确规定,临时工患病或非因工负伤的停工医疗期按其在本企业工作的时间来确定,最长不超过3个月。医疗期内的医疗待遇与合同制职工相同,伤病假期间,企业酌情发给生活补助费。医疗期满但未痊愈而被解除劳动合同的,企业发给一次性医疗补助费。

3. 私营企业职工的医疗保险

根据《私营企业劳动管理暂行规定》,私营企业职工患病或非因工负伤,企业按其工作时间长短给予 3~6 个月的医疗期,并在此期间发给不低于本人原工资 60%的病假工资。

(三) 失业保险

失业保险是指国家通过立法强制实行的,由社会集中建立基金,对因失业而暂时中断生活来源的劳动者提供物质帮助的制度。

失业保险具有如下几个主要特点:

1. 强制性

失业保险是根据国家法律法规强制实施的,任何人或任何单位都必须按时缴纳相应的费用,不履行缴费义务的个人或单位都应承担相应的法律责任。

2. 普遍性

失业保险的建立是为了保障有劳动收入的劳动者失业后的基本生活,因而它适用于劳动者的大部分成员。

3. 互济性

失业保险基金主要来自社会筹集,由个人、企业、国家三方分别负担一定的缴费比例,所筹集到的资金不分来源渠道、缴费单位,全部归入失业保险基金,在失业保险的统筹地区统一调度,从而发挥互济作用。

【案例 9-2】

失业保险案例

一家企业招用了几十名农民合同制工人,但是今年 8 月,他们中的 5 人在合同到期后没能与该企业续订劳动合同,因此处于失业状态。可是他们发现,与他们同样处于失业状态的城镇职工可以每月获得失业保险,所以他们也去社会保险经办结机构办理保险。社保机构人员告诉他们,他们原来的公司没有为他们缴纳失业保险费,因此就没有领取失业保险的资格。于是,他们向劳动争议仲裁委员会申请仲裁,要求原来的公司为他们补缴失业保险费。根据该市农民合同制工人不在失业保险制度的覆盖范围之内这一规定,劳动仲裁委员会裁定,企业没有责任为他们缴纳失业保险费。这 5 人不服仲裁,向人民法院起诉,要求撤销劳动争议仲裁委员会的裁决，并要求企业为他们补缴失业保险费。法院根据有关法律和行政规定，判决企业应当将支付给农民合同制工人的工资纳入缴纳失业保险费的基数，即为农民合同制工人缴纳失业保险费。

资料来源：http://wenku.baidu.com/view/e0c8d384bceb19e8b8f6ba24.html.

(四) 工伤保险

工伤保险是国家对因工作负伤、致残、死亡而暂时或永久丧失劳动力的劳动者及其供养亲属提供经济帮助的一种社会保险制度。

1. 使用工伤保险的范围

根据《企业职工工伤保险试行办法》第8条规定，"职工由于下列情形之一负伤、致残、死亡的，应当认定为工伤：① 从事本单位日常生产、工作或者本单位负责人临时指定的工作的，在紧急情况下，虽未经本单位负责人指定但从事直接关系本单位重大利益的工作的；②经本单位负责人安排或者同意，从事与本单位有关的科学实验、发明创造和技术改进工作的；③在生产工作环境中接触职业性有害因素造成职业病的；④在生产工作的时间和区域内，由于不安全因素造成意外伤害的或者由于工作紧张突发疾病造成死亡或经第一次抢救治疗后丧失全部劳动能力的；⑤因履行职责造成人身伤害的；⑥从事抢险、救灾、救人等维护国家、社会和公众利益的活动的；⑦因公、因战致残的军人复员转业到企业工作后旧伤复发的；⑧因公外出期间，由于工作原因，遭受交通事故或者其他意外事故造成伤害或者失踪的或因突发疾病造成死亡或者经第一次抢救治疗后全部丧失劳动能力的；⑨在上下班的规定时间和必经路线上，发生无本人责任或者非本人主要责任的道路交通机动车事故的；⑩法律、法规规定的其他情形"。

2. 工伤保险待遇

(1)《工伤保险条例》第29条规定，职工因公受伤，享受工伤保险待遇。工伤职工用于治疗工伤或职业病所需的挂号费、住院费、医疗费、药费等符合工伤保险诊疗项目目录、工伤保险药品目录、工伤保险住院服务标准的费用从工伤保险基金中支付；工伤职工需要住院治疗的，按照当地因公出差伙食补助标准的

70%发给住院伙食补助费;经批准转外地治疗的,所需交通、食宿费用按照本企业职工因公出差标准报销。

(2)《工伤保险条例》第30条规定,工伤职工因日常生活或者辅助生产劳动需要,经劳动能力鉴定委员会确认,需要安装假肢、义眼、镶牙与配置代步工具等辅助器具的,所需费用按照国家规定的标准从工伤保险基金中支付。

(3)《工伤保险条例》第31条规定,职工因工作遭受事故伤害或者患职业病需要暂停工作接受工伤医疗的,在停工留薪期内,原工资福利待遇不变,由所在单位按月支付。停工留薪期一般不超过12个月。伤情严重或者情况特殊,经设区的市级劳动能力鉴定委员会确认,可以适当延长,但延长不得超过12个月。工伤职工评定伤残等级后,停发原待遇,按照本章的有关规定享受伤残待遇。

(4)根据《工伤保险条例》第32条的规定,工伤职工经评残鉴定并经劳动能力鉴定委员会确认需要生活护理的,从工伤保险基金中按月发给生活护理费。护理等级分为全部护理依赖、大部分护理依赖和部分护理依赖3个等级,工伤护理费依照上述护理等级分别按上年度当地职工月平均工资的50%、40%、30%发放。

(5)根据《工伤保险条例》第33条的规定,职工因工致残被鉴定为一级至四级的,应当退出生产或者工作岗位,保留与企业的劳动关系,发给工伤伤残抚恤证件,并享受以下待遇:按月发给伤残抚恤金、按伤残等级发给一次性伤残补助金、异地安家补助费,到达退休年龄时,继续由工伤保险基金支付伤残抚恤金,执行金额不低于养老金标准。

(6)《工伤保险条例》第34、35条规定了职工因工致残被鉴定为五级至十级时的待遇,包括由企业安排工作,领取一次性伤残补助金、在职伤残补助金、工伤医疗待遇和工伤津贴。

(7)《工伤保险条例》第37条规定,职工因工死亡,应按照以下规定发给丧葬补助金、供养亲属抚恤金、一次性工亡补助金。丧葬补助金按省、自治区、直辖市上年度职工平均工资6个月的标准发给。供养亲属抚恤金发给由死者生前提供主要生活来源的死者的亲属。其标准为:配偶每月按本省、自治区、直辖市上年度职工月平均工资的40%发给,其他供养亲属每人每月按30%发给,孤寡老人或者儿童每人每月在上述标准的基础上加发10%。抚恤金总额不得超过死者本人的工资。供养亲属的范围和条件按照现行的有关规定执行,供养亲属失去供养条件时不再享受该项抚恤金。一次性工伤补助金标准为本省、自治区、直辖市上年度职工平均工资48~60个月的金额,具体标准由各省、自治区、直辖市确定。

(五)生育保险

生育保险是指针对生育行为的生理特点,根据法律规定,在职业妇女生育子女而导致劳动力暂时中断、失去正常收入来源时,由国家或社会提供物质帮助的一项社会保险制度。

生育保险主要由三部分组成:

1. 产假

按照1919年第3号《生育保护公约》要求,产假至少为12周。2000年第183号《关于修订1952年〈生育保护公约〉(修订)的公约》规定,产假不少于14周。近年来,随着对妇幼保健工作的重视,不少国家有延长产假的趋势。

2. 生育津贴

1919年第13号《生育保护公约》,第一次对生育津贴做出了通用性的国家规范。1952年在该公约修订中,明确"津贴标准不应低于该妇女过去收入的三分之二"。1952年第95号《保护生育建议书》和2000年第191号《关于修订1952年〈生育保护建议书〉的建议书》都提出,生育津贴应等于该妇女生育之前的收入。

3. 医疗服务

医疗服务是指为职业妇女所提供的妊娠、分娩和产后的医疗照顾,以及必要的住院治疗。

【案例9-3】

哺乳期不能辞退女工

某女职工C某1998年2月与中外合资的酒店签订为期两年的劳动合同。

1999年10月发现怀孕,4个月后,酒店以劳动合同到期为由与C某终止劳动合同。C某不服,一是认为自己是按照国家计划生育政策生育,应当受到法律保护;二是如果解除劳动合同,没有经济收入会给家庭生活带来困难。因此,向当地劳动仲裁委员会提出申诉。

我国《劳动法》第29条规定,用人单位不得在女职工孕期、产期、哺乳期解除劳动合同。劳办计字〔1990〕21号文对《关于外商投资企业女职工在怀孕期、产期、哺乳期解除、终止劳动合同的请示》的复函第4条规定,"对实行计划生育的女职工,在孕期、产期、哺乳期内劳动合同期满,也不能解除劳动合同,必须延续至哺乳期满"。此案例中虽然酒店与C某签订的劳动合同已到期,但是C某怀孕、生育符合国家计划生育政策,根据国家法律规定,合同期应该延长至哺乳期满。所以,酒店应撤销与C某终止劳动合同的决定,同时双方履行劳动合同至C某哺乳期满。

资料来源:http://www.lawtime.cn/info/laodong/ldhtln/2010090752246.html.

第三节 员工参与管理

管理是任务,管理是纪律,但管理也是人。

——彼得·德鲁克

《劳动法》第8条规定:"劳动者依照法律规定,通过职工大会、职工代表大会或者其他形式,参与民主管理或者就保护劳动者合法权益与用人单位进行平等协商。"

员工参与企业管理既是一项员工的权利,同时也是企业进行员工激励的一项重要措施。实行员工参与管理,有利于保障员工的合法利益,增强员工的主人翁意识,同时有利于建立员工与企业之间稳定、和谐的劳动关系。

员工参与管理的方式可以是非正式参与，也可以是正式参与，可以通过挑选员工代表、工会间接参与，也可以是直接参与到企业的管理中。

一、工会

工会代表的是劳动者的利益，主要是为了劳动者的权益。工会的角色复杂多样，并具有一定的政治特性。工会的核心作用是将工人联合起来与资方进行集体谈判。

以下是《工会法》中规定的工会的权利和义务。

（1）企业、事业单位违反职工代表大会制度和其他民主管理制度，工会有权要求纠正，保障职工依法行使民主管理的权力。

（2）企业、事业单位违反劳动法律、法规、侵犯职工合法权益，工会应当代表职工与企业、事业单位交涉。

（3）工会帮助、指导职工与企业以及实行企业管理的事业单位签订劳动合同。

（4）企业、事业单位处分职工，工会认为不适当的，有权提出意见。

（5）工会发现企业违反指挥、强令工人冒险作业，或者发现在生产过程中有明显的重大事故隐患和职业危害时，有权提出解决的建议。

（6）企业、事业单位发生停工、怠工事件，工会应代表职工同企业、事业单位或者有关方面协商。

二、职代会

实行职工代表大会制度是中国国有企业通常采用的形式。国务院发布的《全民所有制工业企业职工代表大会条例》是实行职工代表大会制度的法律依据。按照该条例职工代表大会具有5项职权：

（1）定期听取厂长的工作报告，审议企业的经营方针、长远计划和年度计划、重大技术改造和技术创新、职工培训计划、财务预决算、自由资金分配和使用方案，提出意见和建议，并就上述方案的实施做出决议。

（2）审议通过厂长提出的企业的经济责任制方案、工资调整计划、奖金分配方案、劳动保护措施方案、奖惩办法及其他重要的规章制度。

（3）审议决定职工福利基金使用方案、职工住宅分配方案和其他有关职工生活福利的重大事项。

（4）评议、监督企业各级领导干部，并提出奖惩和任免的建议。对工作卓有成绩的干部，可以建议给予奖励，包括晋级、提职。对不称职的干部，可以建议降职或免职。对工作不负责任或者以权谋私的，建议给予处分或是撤职。

（5）主管机关任命或者免除企业行政领导人员的职务时，必须充分考虑职工代表大会的意见。职工代表大会根据主管机关的部署，可以民主推荐厂长人选，也可以民主选举厂长，报主管机关审批。

三、员工参与管理的其他组织形式

目前，世界各国企业员工民主参与管理的组织形式还包括以下几种：

（一）集体谈判制

这一制度在发达资本主义国家比较盛行。一般来讲，比较完善的集体谈判制包括以下几方面内容：

1. 企业财务

包括员工工资、退休金、福利基金等占企业成本的比例与相应的管理工作。

2. 人事管理

包括企业的晋升办法、员工规模、雇工原则、调换班次、调换工作、临时解雇和复职的程序、解职费用、劳动纪律和工作考核等。

3. 生产政策

包括扩大和限制生产的政策等。

4. 其他

包括技术改造、生产定额、调整工作内容等。

目前，在发达资本主义国家企业集体谈判中有两个特点：从范围和层次看，集体谈判已从全国或产业一级转向企业一级；从内容看，集体谈判的内容除了包括工资和劳动条件，还包括人事管理、企业内部管理、企业技术变革、企业搬迁等内容。

（二）协同管理制

协同管理制是指鼓励和允许基层普通员工以高层管理者助理的角色参与企业的管理工作。这种让员工参与管理的方法使得员工能够充分认识管理工作，同时管理人员也能更清楚员工的需求，从而使员工和管理者之间的关系更加和谐，进行构建企业的和谐氛围。

（三）员工董事/员工监事制

这一制度是指选取少数员工作为员工集体的代表参加企业的董事会、监事会，以起到监督的作用，并且向企业高层反映全体员工的意见和需求。董事会中员工代表成为员工董事，监事会中的员工代表成为员工监事，参加的员工代表人数不等，少则1人，多则约占董事会、监事会人数的1/4。员工董事和员工监事一般拥有与资方董事、监事相同的权利义务。

（四）员工建议制

这一制度的核心是提高员工积极性、参与性，为企业优化产品设计、改进工艺流程、降低产品成本、提高质量、开拓市场出谋划策。目前很多企业采用这种形式。

（五）企业委员会制

这一制度是企业员工参与管理的普遍形式。企业员工委员会由企业经营者代表和员工代表组成，是一种劳资联合会议。它既不是工会，也不是企业管理机构，而是一种企业全体职工的合法代表机构。它与工会的最大区别在于，企业委员会在企业内不具有罢工权。

企业委员会在工作时间、工资、休假、培训、福利、企业规章制度、分红、员工住房等方面拥有参与决定权；在人力资源计划、招聘、解聘、岗位调动、工厂改建、扩建和新建等方面拥有协商权和咨询权。

(六) 自我管理制

这一制度注重发挥人的因素，努力调动员工的积极性、主动性和创造性，它是将企业内部的管理部门减少到最低程度，把一向属于经理部门的许多管理权下放到普通员工，让员工自己管理。

目前这种制度的主要表现形式有以下两种：

1. 自我管理小组

这种小组人数在 3~20 人不等，它依照企业有关管理部门规定的生产计划制定小组的生产指标，员工自主决定完成任务的进度和方式，达到工作目标后给予相应的奖励。

2. 劳动生产质量小组

它通常由 3~8 名生产人员或管理人员自愿组成。这种小组只在具体生产部门开展工作，在技术顾问的帮助下，专门研究和解决工作中遇到的实际问题。在解决问题时，一般要先向企业管理部门提出报告，经批准后方可施行。另外，该小组还关注员工劳动过程中的精神状态。

【案例 9-4】

丰田的 QC 小组

由于员工每天抱着很多烦恼工作，如工作不顺利、质量不合格、设备故障等，而只靠一个员工的力量难以解决这些问题，于是丰田集团就把工作岗位上的员工组织起来成立一个小组，共同解决遇到的问题，这就是 QC 小组。

QC 小组是指在生产或工作岗位上从事各种劳动的职工，围绕企业的经营战略、方针目标和现场存在的问题，以改进质量、降低消耗，提高人的素质和经济效益为目的组织起来，运用质量管理的理论和方法开展活动的小组。QC 小组是企业中群众性质量管理活动的一种有效组织形式，是职工参加企业民主管理的经验同现代科学管理方法相结合的产物。

丰田集团通过 QC 小组的形式让员工参与管理，提高了员工工作积极性同时创造了精益生产的神话！

第四节 劳动争议处理

由于有法律才能保障良好的举止,所以也要有良好的举止才能维护法律。

——马基雅维利

"爱厂如家"、"爱企如家"是很多企业对员工的要求,"家"越来越多地与企业相联系。企业是员工长期工作的场所,和谐的劳动关系是企业长期发展的重要前提。但是劳动关系各方面之间发生争议是不可避免的,当发生争议时,企业需妥善处理,避免产生不良后果。

一、劳动争议的概念

劳动争议又叫劳动纠纷,是指用人单位和劳动者之间因劳动权利和劳动义务所发生的纠纷。处理劳动争议的相关法规有《企业劳动争议处理条例》、《企业劳动争议调解委员会组织及工作规则》、《劳动争议仲裁委员会组织规则》、《劳动争议仲裁委员会办案规则》等。

二、劳动争议的范围

不同的国家劳动争议的范围是不相同的,我国《劳动争议调解仲裁法》第2条规定了我国劳动争议的范围:

(1) 因确认劳动关系发生的争议。

(2) 因订立、履行、变更、解除和终止劳动合同发生的争议。

(3) 因除名、辞退和辞职、离职发生的争议。

（4）因工作时间、休息休假、社会保险、福利、培训以及劳动保护发生的争议。

（5）因劳动报酬、工伤医疗费、经济补偿或者赔偿金等发生的争议。

（6）法律、法规规定的其他劳动争议。

三、劳动争议的处理原则

我国《企业劳动争议处理条例》规定，处理劳动争议，应当遵循下列原则：注重调解，及时处理；在查清事实的基础上，依法处理；当事人在适用法律上一律平等。

四、劳动争议的解决途径

根据劳动法规定，我国目前的劳动争议处理机构为劳动争议调解委员会、劳动争议仲裁委员会和人民法院。

（一）劳动争议调解委员会

用人单位和劳动者在劳动争议调解委员会的调解下解决纠纷。劳动争议调解委员会由职工代表、用人单位代表、工会代表三方组成。在企业中，职工代表由职工代表大会推荐产生，用人单位代表由厂长（经理）指定，企业代表由企业工会委员会指定。

劳动争议调解委员会调解劳动争议的步骤如下：

1. 申请

申请指由劳动争议当事人以口头或书面方式向单位内部的劳动争议调解委员会提出调解的请求。

2. 受理

受理指在接到当事人的调解申请后，经过审查，劳动争议调解委员会决定接受调解申请。受理过程包括三个阶段：①审查，即审查发生争议的事项是否属于

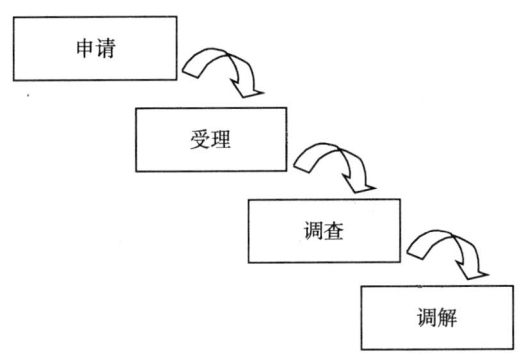

图 9-1　调解劳动争议的步骤

劳动争议,只有属于劳动争议的纠纷事项才能受理;②通知并询问另一当事人是否愿意接受调解,只有双方都同意调解,调解委员会才能受理;③决定受理后,应及时通知当事人做好准备,并告知调解时间、地点等事宜。

3. 调查

调查指深入调查争议发生的原因,争议双方的需求以及争议调解的法律政策依据等。

4. 调解

调解委员会召开准备会,提出调解意见,统一认识,找双方当事人谈话,召开调解会议等。

(二) 劳动争议仲裁委员会

劳动争议仲裁委员会是依照国家法律设立的、独立行使劳动争议仲裁权的劳动争议处理机构。它以县、市、市辖区为单位,负责处理本地区发生的劳动争议。

劳动争议仲裁委员会由劳动行政主管部门、同级工会、用人单位三方代表组成,劳动争议仲裁委员会主任由劳动行政主管部门的负责人担任。劳动行政主管部门的劳动争议处理机构为仲裁委员会的办事机构。

劳动争议仲裁的目的是为了保护企业经营者与劳动者的合法权益,协调双方的劳动争议,从而促进社会稳定和劳动关系的和谐发展。

劳动争议仲裁一般分为以下五个步骤:

1. 案件受理阶段

当事人须在争议发生之日起 60 日内向仲裁委员会递交书面申请,委员会应当自收到申请书之日起 7 日内做出受理或不予受理的决定。

2. 调查取证阶段

此阶段工作分为三个步骤:①拟定调查提纲;②有针对性地进行调查取证工作;③审查证据。

3. 调解阶段

调解必须遵循自愿、合法的原则,"调解书"具有法律效力。

4. 裁决阶段

调解无效即行使裁决。

5. 执行阶段

仲裁调解书自送达当事人之日起生效;仲裁裁决书在法定起诉期满后生效。生效后的调解或裁决,当事双方都应该自觉执行。

【案例 9-5】

劳动合同履行范围的劳动争议处理

某公司与员工张某在《劳动合同》中约定,"甲方(某公司)工作量不饱和或暂时没有工作安排时,可以安排乙方(张某)待岗,待岗期间,乙方的工资按照原工资标准的 60%发放"。

2009 年 1 月,张某休完产假回公司上班,但是公司已经聘请了另外一名员工从事张某的工作,并且,这位员工的工作能力以及各方面的表现都比张某好。因此,张某回到公司之后,公司没有安排张某继续原来的工作岗位,而是向张某送达了《待岗通知书》,告知张某自 2009 年 1 月 5 日起待岗,待岗期间按照原来工资的 60%向张某发放工资。张某不同意公司的做法,向劳动争议调解委员会提出申请,劳动争议调解委员会受理该项劳动争议,并进行调查、调解,但是没有调解成功。于是,张某向公司所在地的劳动争议仲裁委员会申请仲裁,要求公司撤销待岗决定,安排张某返回原工作岗位,并仍按原工资水平发放工资。劳动争议仲裁委员会接受了仲裁申请,并进行了一系列的调查取证,最后组织调解。

本案最终以调解结案。公司与张某协商解除劳动合同,公司依法向张某支付了解除劳动合同经济补偿,并额外向其支付了相当于三个月的工资。

<small>资料来源:北京市劳动和社会保障法学会.劳动合同、社会保险与人事争议疑难案例解析[M].北京:法律出版社,2009.</small>

(三) 人民法院

人民法院只处理如下范围的劳动争议案件:

1. 争议事项范围

因履行和解除劳动合同发生争议;因执行国家有关工资、保险、福利、培训、劳动保护的规定发生的争议;法律规定有人民法院处理的其他劳动争议。

2. 企业范围

国有企业;县(区)属以上城镇集体所有制企业;乡镇企业;私营企业;"三资"企业。

3. 职工范围

与上述企业形成劳动关系的劳动者;经劳动行政机关批准录用并已签订劳动合同的临时工、季节工、农民工;依据有关法律、法规的规定,可以参照本法处理的其他职工。

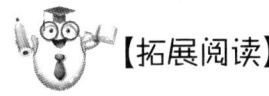
【拓展阅读】

人民法院受理劳动争议案件的条件

(1)劳动关系当事人之间的劳动争议,必须经过劳动争议仲裁委员会仲裁。

(2)劳动关系当事人之间的争议,必须是在接到仲裁决定书之日起15日内向人民法院起诉的,超过15日,人民法院不予受理。

(3)属于受诉人民法院管辖的。

【案例 9-6】

妇女平等就业权的劳动争议案

某公司近年来经营状况良好，为了进一步扩大生产，公司董事会决定在2008年招聘同一工种的新员工50名。于是，该公司向社会发出招聘广告，在其发布的招聘广告中写明"男工须具备高中以上学历，女工须具备本科以上学历"。某日，李女士看到招聘广告后来该公司应聘，她在各项测试中成绩优秀，但因只具备大专学历而最终被拒绝录用。李女士认为自己受到了不公正待遇，于是申诉到劳动争议仲裁委员会，要求劳动争议仲裁委员会裁决该公司聘用自己。劳动争议仲裁委员会接受了仲裁申请，并进行了一系列的调查取证，最后组织调解，但是调解没能使双方达成一致意见。而后，该劳动仲裁委员会仲裁裁决该公司录用李女士。但是，公司不服仲裁裁决，以确定招聘条件是企业自主权为由，诉致人民法院，请求撤销仲裁裁决。人民法院受理后认为，该公司的招聘条件，未能做到男女平等，对于聘用女工附加了过高的条件，违反了有关法律规定，故其确定的聘用条件无效，据此维持仲裁裁决，驳回公司的请求。

资料来源：王昌硕.劳动法学案例教程［M］.知识产权出版社，2003.

本章小结

本章主要介绍了劳动关系及有关法律法规、企业对员工的社会保障责任以及员工参与管理和劳动争议的处理方式。

组织必须承担对员工的社会保障责任，社会保障体系的核心是社会保险，包括养老保险、医疗保险、失业保险、工伤保险、生育保险。

实行员工参与管理，有利于保障员工的主人翁地位。工会、职代会为保障职工合法权益、优化劳动关系做出了重要贡献。员工有多种参与管理的途径，例如集体谈判、协同制管理、员工董事/员工监事制、员工建议制、企业委员会制、自我管理等。

劳动争议的发生是不可避免的。随着劳动者法律意识和自我保护意识的不断增强，几年来企业与员工之间的劳动争议呈上升趋势。企业和劳动者可以通过三种方式解决劳动争议：通过劳动争议调解委员会；通过劳动争议仲裁委员会；通过人民法院。

第十章 人力资源管理发展的新趋势

开篇案例

上海贝尔的 HRMS 之路

成立于1984年的上海贝尔是一家中比合资的外资企业,主要从事通信设备的研发与制造,被多次评为中国最受赞赏的外资企业之一。上海贝尔属于高技术的行业,因此公司内部员工素质和学历都较高,其中80%的员工是大学本科以上学历,拥有硕士和博士生960多名,其中科研开发人员占员工总数的45%。因而,公司就异常重视人力资源管理的创新性。

随着公司的不断发展壮大,以前的人力资源管理系统和技术已经不能满足贝尔公司对人力资源实行有效管理的需求。为了能更好地将企业的高素质队伍整合起来,上海贝尔对公司的人力资源管理系统做了一下调整:

(1) 对信息集中管理,实现信息共享。所有的信息由专人统一维护,想要调用信息也只能调用权限范围内的信息,从而保证了信息的及时获取和准确运行。

(2) 严格的流程和权限控制。在流程控制方面,系统自行运转和监控根据需要而预先设计的流程。只要员工的操作没有按照规定的流程,系统就会报警,并且屏蔽所有不符合流程规范操作的影响。

(3) 全员参与,利用 E-HR。上海贝尔还充分利用网络电子资源,公司建立了专门的员工自助服务平台——ES2000,这个平台是开放的,员工可以从平台上了解很多信息或发布信息。

(4) 学习型的 HRMS。由于管理实践的不断发展，因而只有不断学习才能跟上时代的脚步。为了促进企业内容的学习，上海贝尔为员工提供了 Kayang Power HR2000 中的一系列工具，以帮助员工更好地学习。

资料来源：桂昭明. 人力资源管理 [M]. 武汉：华中科技大学出版社，2008.

【案例启示】 随着经济全球化格局的形成，国际人才争夺日趋激烈，国际竞争的不断深化必然推动企业生产要素在全球内流动并进行优化配置，从而引发人力资源的全球配置。这就导致人力资源管理不论从理论上还是实践上都出现了一些新的趋势，在这种背景之下，企业必须及时更新观念，在新形势下抓住机遇以获得持久的竞争力。

> **本章您将了解到：**
> - 人力资源的国际化
> - 人力资源管理的战略化
> - E-HR
> - 学习型组织
> - 重视道德和信誉

第一节　人力资源的国际化

国际化是任何人都不得不面对的话题，任何资源都必须在国际化的背景下协调。

——佚名

全球化的浪潮不断地波及管理的各个领域，企业管理者也开始不断培养自己的国际化视野。随着国际资本、技术、人才的大量融入，我国也在国际化道路上向前迈进了一大步，在这一背景下，组织必须以一种新的全球思维方式重新思考企业人力资源管理的角色与价值增值问题。企业要更加关注人力资源的国际化问题，才能吸引更多优秀的人才，并将人才很好地融合到企业的文化氛围之中，从而增强企业的全球性协作能力和团队精神。

国际化也使企业需要应对更多的挑战。企业必须创建一种灵活有效的组织结构，在公司总部的集中控制和海外分支机构的充分自主权之间达到某种平衡，使得全球范围内的市场、产品以及生产计划、人员配置等方面得到协调。同时，企业还必须把它的人力资源管理系统和功能向海外分支机构扩展，这就给企业带来了更多的问题。例如，我们在海外机构中的管理人员到底应该聘用当地的人来担任，还是应该从中国总部派过去？我们应当如何对海外分支机构中的当地雇员进行评价并支付薪资等。

人力资源的全球配置、培训难度、不同文化习俗的冲突、人员的沟通交流、管理层结构的文化差异、跨文化管理等都成为企业人力资源管理的重要问题。要想解决这些问题是非常复杂的一件事情。国际化经营危机重重，人力资源整合举步维艰，失败的教训比比皆是。2004年12月8日，一则IT界的收购新闻，震动了全世界。中国最大的电脑制造商联想集团以12.5亿美元并购了IBM全球个人电脑业务。IBM顺利退出无利可图的PC市场，将风险留给了联想集团。不久，TCL并购阿尔卡特，仅仅四个月就亏损4个亿，跨出国门的脚步不得不收回。紧接着，明基又将西门子揽入怀中，不少人认为明基捡了个大便宜，结果2006年12月8日，明基电通李焜耀却向媒体承认，明基已亏损8亿欧元，收购决定"已被证明失败"。明基电通已停止向德国明基移动注资，进入破产程序，并已解聘1900名德国员工。

国际化已经成为不可逆转的趋势，国际化经营是企业发展的必然，但是人力资源整合的失败严重阻碍了企业的发展。要想做好人力资源的整合，必须加强与员工的沟通，重新进行组织结构设计以满足全球战略，并且要能够妥善处理文化的冲突与矛盾。

第二节　人力资源管理的战略化

以战略为导向，才能充分发挥人力资源管理在企业管理中的重要作用。

——佚名

企业最重要的资源是人力资源，而企业未来的竞争将是围绕人才所展开的争夺。正是基于这种考虑和认识，企业高层开始把人力资源管理上升到一个战略的高度。从这个角度来讲，企业将不仅仅把人力资源管理部门看作是单纯的职能部门，而要从塑造企业的竞争优势，立足组织的长远发展的战略高度来看待企业人力资源管理政策的制定、实施、发展和评价。

企业的人力资源部门已经由传统的事务性职能部门走向影响企业全局的战略性部门。人力资源管理和规划工作也逐渐成为企业战略管理和战略规划的重要环节。因此，企业在制定战略规划时，要充分考虑企业的人力资源发展规划，使其与企业的战略规划相适应，才能为企业提供充足的人力资源，从而实现企业的战略目标。

人力资源管理已经成为企业管理的核心，不少公司的人力资源部门已经把一些非核心的、过于细节化的传统性人事管理业务、行政性和总务性事务分离或是外包出去，从而集中精力从事人力资源政策的制定、执行，帮助中高层主管进行员工的教育、培训、职业生涯规划等具有全局性、前瞻性、战略性的人力资源管理工作。

企业管理者必须意识到人力资源管理地位的提高以及角色的转变，并将人力资源战略与企业的整体战略相结合，充分发挥人力资源战略的作用和意义。

第三节　E-HR

未来的企业将是一个大部分由专业人员组成的知识型组织，必然会走向以信息为导向的组织结构。

——彼得·德鲁克

快速变化的环境、员工分布区域越来越广，同时员工对自我管理的职业发展的要求，使传统的人力资源管理显得"力不从心"。信息技术的快速发展使企业的效率得到了提高，企业信息化成了主流，与此同时，E-HR 应运而生。

E-HR，是指电子化的人力资源管理，即将先进的信息技术运用到人力资源管理中，与企业现有的网络技术相联系，保证人力资源与日益变化的技术环境同步发展，为企业建立人力资源服务的网络系统，使人力资源管理流程电子化。E-HR 中的"E"包含了两层含义，一是代表 Electronic（电子化），二是代表 Effective（有效的）。这两层含义是指 E-HR 所建立的是一个有效的电子化的人力资源管理系统。E-HR 帮助人力资源管理部门把复杂、繁多的人力资源信息直接转变为更可行的人力资源管理方案，并且能够更方便快速地向企业高层提供决策所需的信息，是实现战略人力资源管理的一种方式。

E-HR 通过打造一个信息共享的网络平台，使业务流程电子化，架起企业与员工之间信息沟通的桥梁。同时，通过运用招聘系统，建立集团人才库，快速获取合格人才；运用培训系统，有效地管理和最大化地使用培训资源；运用绩效系统，让绩效管理工作更加公平、公正；运用薪酬系统，对整个企业的人力成本进行有效的控制。E-HR 是企业在复杂化的内外经营环境中提高人力资源管理效率的一种方法，它使人力资源从业者与员工、企业中高层管理者以及企业资源在一个电子平台上进行互动，剔除了地域、时间的阻碍，并且实现了一定程度的可视化人力资源管理，缩短管理周期，减少 HR 工作流程的重复操作，使工作流程自动化。

对集团化的企业来说，E-HR 更是一种变革的趋势，它能够利用电子化的设施将集团企业的人力资源管理的细节工作转变为更可控的操作流程，从而保障企业各个工作能够有充足的人力资源供应，并且在集团内实现人力资源共享，使人力资源管理工作既灵活又规范，并最终为企业构建科学合理的人力资源队伍。

第四节　学习型组织

不要停止成长，终身学习对职业的成功显得越来越重要。

——约翰·科特

随着经济全球化程度的不断加深，企业所处的环境正在发生巨大的变化，在竞争激烈市场环境中，企业面临着前所未有的挑战，过去的管理方法和经验已经不再适合企业目前的实际和所面对的环境。因而，企业要想在更加复杂和不确定性更高的环境下获得竞争的胜利，就必须具备持续的学习能力和快速的市场响应能力。换言之，企业需要成为一个学习型组织。彼得·圣吉在他所著的《第五项修炼》中首次提出了学习型组织理论，他认为应该通过"五项修炼"模型，即自我超越、改善心智模式、建立共同愿景、团队学习、系统思考来提高组织的学习能力，发现、尝试和改进组织的思维模式，改变组织的行为，从而建立一个成功的学习型组织。

学习型组织要求管理者在组织内构建学习的氛围和相应的支持设施，鼓励基层员工到高层领导者努力学习，使组织成为学习型组织。学习型组织有利于员工自我增值、知识共享和信息沟通；有利于企业产品和服务的创新和优化；有利于企业集中资源将知识变成产品或者服务；有利于增强企业应对变化环境的适应能力；有利于企业不断提升业绩；有利于企业凝聚力和价值观的形成。

学习型组织是组织发展的必然趋势，社会的发展要求员工和企业不断学习，提升自我。学习型组织培育了学习的氛围，促使员工将学习意识融入到工作的各个方面，进行知识的补充和更新，努力提升工作绩效，不仅仅满足于过去的成功，勇于开拓和进取，充分开发自身的潜能，将个人目标与组织目标结合起来，在不断学习增强自我素质的同时提升企业的绩效，真正实现个人价值与组织价值的统一，并最终实现员工与企业共同的、持续的成长。

第五节　重视道德和信誉

小胜凭智，大胜靠德。

——牛根生

在管理日趋法制化和规范化的今天，守规经营、诚信为本已经成为企业立足和发展的重要前提。因此，管理者必须减少组织中的不道德行为。

人力资源道德风险问题不仅限于偷懒、搭便车等行为，还包括其他自私自利的行为，例如，有人将公司物品占为私用，用公司电话打长途，请公司秘书打印个人资料，这些有关人力资源道德风险的报道时常出现在各种媒体上，而较严重的如我国发生的银广夏事件、湛江海关走私案以及国外的"安然事件"和巴林银行破产案等。

人力资源道德风险行为对公司的发展必然会产生消极影响损害公司利益，甚至濒临破产。因此，这一问题已经引起了企业界和理论界的广泛关注与思考，人们已经深刻地意识到人力资源道德风险问题给企业乃至社会发展带来的巨大危害。道德以及信誉教育成为今后人力资源管理部门的重要职责。

在人力资源管理过程中要树立各种道德观念，遵循各种道德规则。管理者必须关心员工的成长，主要体现在协助员工制定切实可行的发展目标，对员工进行激励，为员工的职业生涯发展提供咨询和帮助，并向所有员工提供安全、舒适的工作环境，提供公平的福利待遇等。企业应该录用那些认同企业价值观并且具有高道德标准的员工能有效创建企业的道德文化。在培训员工时，应该进一步对企业的相关政策、理念和规范进行介绍，深化员工对企业价值观的认识和理解。

随着现代社会的不断发展和社会公民意识的增强，要想在社会上立足并谋求长远的发展，企业就必须遵守社会的规则秩序。企业的道德问题值得引起管理者的重视，企业在向消费者提供产品或者服务时，须自觉遵守社会道德，为企业树立良好的公民形象，这有利于提升企业的信誉，赢得消费者的信任。管理者在企业道德问题上，应从长远的角度来考虑，平衡企业、消费者以及利益相关者的关系，守规经营，实现多方共赢，而不是仅仅追求企业短期的利益最大化，这是企业身为社会公民的责任和义务，有利于企业可持续地长久发展，有利于社会发展和进步。

本章小结

本章主要介绍了人力资源管理的六种发展新趋势：人力资源的国际化、人力资源管理的战略化、E-HR、学习型组织以及重视道德和信誉。通过对人力资源管理发展趋势的探讨，企业家更加清楚人力资源管理未来的发展方向。

第十一章 人力资源管理的哲学与艺术

开篇案例

聪明的牧羊人

从前,有一个牧羊人,他对羊的关心就像对人一样。眼见家附近的草不多了,为了让羊吃饱,他就不辞辛苦地把羊赶到离家很远的草地。一群野山羊了解到有一个对羊这么好的牧羊人,于是它们就商议着要去看看。

一天傍晚,当牧羊人把羊赶回家的时候,他看见几只野山羊混在羊群里,他心里高兴坏了,他不动声色地把它们和自己的羊一起关了起来。第二天下起了大雪,牧羊人不能外出牧羊,因而只有用饲料喂羊。牧羊人把精饲料喂给每只山羊,并且给那几只野山羊吃了更多的精饲料。他心里想着,我给你吃更多的精饲料,如果把你们驯服了,我就能白白得到几只山羊。

此后的几天,牧羊人都给那几只野山羊吃了很多精饲料,不久,这几只野山羊被牧羊人对羊的好所折服了,于是就留了下来。这样牧羊人就白白得了几只羊。

资料来源:吕叔春.管理寓言枕边书[M].北京:中国纺织出版社,2006.

【案例启示】 聪明的牧羊人用自己的诚意留住了野山羊,增加了自己的收益,对于企业来说,员工就相当于"野山羊",管理员工并不是传统的"胡萝卜加大棒"就可以的,只有把员工变成企业的主人,员工才能真正真心实意地为企业付出，这就需要人力资源管理的哲学与艺术。

> **本章您将了解到：**
> - 以人为本
> - 选马、用牛、赶猪、打狗
> - "识人"与"用人和管人"
> - "安心"与"心安"
> - 领导者魅力
> - "理而不管"与"管而不理"

"快乐是别人或外在环境带给你的，而烦恼却是自己寻找的"。这句话看起来不合道理，但却是至理名言。不同的人遇到相同的事，有的人烦恼，有的人不烦恼，可见烦恼不烦恼决定在个人，所以烦恼是自寻的。而个人是无法自己带来快乐的，我跟 A 到美丽的风景区去旅游感觉一般，但跟 B 去同样的风景区旅游，感觉很快乐，由这个例子我们可以知道，快乐是别人或外在环境带给你的。企业希望有好的绩效，就要有快乐的员工，而要得到快乐的员工，企业就要塑造一个能让员工快乐的环境。

理论上而言，不考虑需求方的前提之下，企业只要有足够的现金，就能将企业做大做强，但是要将企业做得长久，却不是现金能够做到的。一家大型企业要活得长久有两个非常重要的因素：道德和信用。很多大型的企业都是在不注重道德与信用的过程中渐渐地没落，甚至倒闭。

道德包含了企业对社会的道德及社会责任、企业对企业的道德、企业对员工的道德、员工对企业的道德及员工对员工的道德。信用包含了企业对社会的信用、企业对企业的信用、企业对员工的信用、员工对企业的信用及员工对员工的信用。

如何让企业拥有道德和信用呢？答案非常简单，企业与其利益相关者必须相互拥有真正的爱。如果企业与其利益相关者有了真爱，彼此之间就会产生化学反应从而产生彼此之间的道德、信任，而彼此之间因为信任而产生信用。

人力资源的管理哲学讲的就是真爱的道理：企业对员工恒久忍耐又有恩慈；不是只求自己的益处，也需要考虑员工的益处；不喜欢不义只喜欢真理；凡事包容，凡事相信，凡事盼望。而员工对企业恒久忍耐又有恩慈；不嫉妒，不自夸不张狂，不做害羞的事；不仅求自己的益处，也要帮企业求益处；不喜欢不义只喜欢真理；凡事包容，凡事相信，凡事盼望。只要有了真爱，企业与员工就结合在一起，为了共同的目标和理想工作，于是彼此产生了信任，彼此讲求信用，彼此不做不道德的事。企业与其利益相关者也应如此。

有了真爱才能使以人为本的管理哲学落地生根，才能使企业选择适合企业的员工，才能使企业授权给员工时感到心安和安心。有了真爱的领导更有领导魅力，有了真爱才能使企业在管与理之间做更好的衡量，诸如此类不胜枚举。

第一节　以人为本

"企业"，若"企"没了"人"，变成了"止业"。

——佚名

在真爱的范围来讨论以人为本的管理哲学是非常有意义的，有了真爱能使很多事情产生协同效应，发挥 1+1>2 的效果。

在亚洲，社会上有很多的名校毕业生，刚踏入社会时对国内企业的环境较难适应。一般来说，名校毕业生的学问较好，但自我观念比较重，与别人合作时总是围绕自我的观念而忽略了他人的感受，也可以说是"以事为本"而非"以人为本"，所以在缺乏实务经验的情况之下容易跌跌撞撞产生挫折感。但是这些人到了欧美的企业里就有可能如鱼得水。毕业生首先接受培训，然后按部就班地工作，表现好的得到升迁，表现不好的遭到裁员。为什么会有这么大的差别呢？这就是东方"以人为本"及西方"以事为本"的差异。

那究竟是"以人为本"的管理哲学比较好还是"以事为本"的管理科学比较好呢？事情不是绝对的，应该考虑企业当时所处的环境及在行业中的定位。一般而言，要将企业做精、做强、做大，需要"以事为本"，也就是常说的运用管理科学；但要将企业做久做长或全球化则需要"以人为本"，也就是我们谈的真爱的管理哲学。但这并非是绝对的，还需考虑自己企业在行业中所处的地位及外部环境的影响。管理科学与真爱的管理哲学是一体两面：当企业要做精做强做大，最主要的是以管理科学为主，真爱的管理哲学为辅；当企业要做久做长或全球化则需要以真爱的管理哲学为主，管理科学为辅。一个持久的企业必经的历程是先做精做强做大，然后才有企业持久性和全球化的问题。

本节将集中讨论"以人为本的管理哲学"，也就是以人为中心的管理哲学。要探讨这个问题首先需认清人的本性。每个民族都有其特性，那大部分人的本性是什么？简单来说有两点：第一，不想吃亏；第二，爱面子。如果我们认同大部分人的本性是不想吃亏及爱面子，那我们如何运用管理哲学将这些本性导向有利于企业及其利益相关者，让企业与其利益相关者"双赢"呢？

一、适人适才

选择适合企业的人才并将其放在企业内部合适的位置，才是真正地爱这个人才。企业内部最常发生的一件事是揠苗助长，就是企业没有按部就班地去培养人才。当企业遇到了职缺，发现企业内部有很优秀的苗子，很快地将这个苗子升迁，造成这个苗子错失了应该学习的过程。请问这是帮助这个好苗子，还是在摧残这个好苗子呢？大部分的好苗子也是爱面子的，当升迁之后，大部分的人都会"耻于下问"，就是因为这样，才影响了他们的成长。某一个企业的人力资源主管，还没有结婚，是一个名校毕业生，年龄大约30岁，你认为他可以成为一个很好的"人事主管"，还是"人力资源主管"呢？其实大部分的中国企业的人力资源部门美其名曰"人力资源部门"，其实做的只是人事的工作。因为企业让这个部门做的就只是人事工作。

人力资源应该与企业的战略相结合才会知道企业内部目前需要哪些人才、将来需要哪些人才、哪些人才需要外聘、哪些人才需要内部培养。把合适于企业的人才招进企业（适人），放在适合他的职位（适才），并且为了将来的需求加以培训，使之有成长的空间再将其放在适合他的职位，这才是企业爱才的真正做法。如果忽略了培训过程，那只能是"揠苗助长"。

小企业以灵活见长，大企业以规范见长。企业挖角时，通常会挖大企业的中高级主管或技术人员，但是通常会遭遇到失败的下场。最主要的因素在于大企业注重的是团队的合作，而不是个人的能力，所以个人在大企业里，通常是依照企业的规范做事，而不是其个人能力。所以当小企业从大企业挖角时必须注意的一件事是，企业要规范化。企业爱其员工，就要适人适才，再培训再适人适才，如此循环才是以人为本的管理哲学。

二、机会均等

企业内部常常会提起的"赛马机制"其实就是一个机会均等的哲学，也就是不分贫富贵贱，不分有没有背景关系，只要肯努力就有机会。这对企业的员工而言是一个正面的影响，也是以人为本管理的范例。但是在机会均等的环境下需要以道德因素为前提，否则就会成为假机会均等。2008年全球爆发了金融危机，究其原因就是一个道德的问题。在这之前，有很多经济学家和离开这些金融企业的离职员工已经发现了这个问题，只不过在利益的驱使下，金融家们违背了其职业道德，没有向投资者发出预警的信息。

在道德前提下的机会均等能使企业员工以负责任的观念影响其工作态度，同时影响其工作行为，从而使企业和其员工达到"双赢"。企业爱其员工，企业本身就要有企业道德，同时要在道德的前提下让每个员工的机会均等，才是以人为本的管理哲学。

三、合理分享

中国人有一句古话"吃亏就是占便宜",是不是代表了中国人喜欢吃亏呢?答案当然是否定的。相反地,中国人最不喜欢的就是吃亏。举一个例子:某家庭主妇到 A 商场去买了一个促销的商品,回到家之后,发现邻居大婶也买了同样的商品,而且买的价格比自己买的还便宜,相信她一定会火冒三丈认为自己吃亏,从此再也不相信 A 商场的促销甚至从此再也不到 A 商场购物。其实不喜欢吃亏不仅是中国人的本性,世界上大部分的人都不喜欢自己吃亏。如果把员工不喜欢吃亏运用到企业里,该如何解决这个问题呢?答案很简单,就是"合理分享"。所谓合理分享就是制定大部分人都认同的分享办法,然后依其一段时间内的表现结果,依照规定将其应得的部分分配给当事人。这就是我们所谓的多劳多得(但其前提是有效率及有效果的多劳)。为什么要提到"合理"这两个字呢?在东方的社会里,我们可以把合理当做是资源有限下的公平,也就是西方社会里所提到的合理就是少数服从多数。也就是说,大部分员工都认同的分配办法,就是一个"合理分享"的办法,这能使大部分的员工尽心尽力地为公司负责地工作。对于企业外部的利益相关者也应该秉持合理分享的哲学,这样彼此之间能够维持更长久的关系。

四、真心尊重

为何在尊重前面要加上真心?也就是说,尊重应该尊重的人。在一个单位里有一个清洁工做事尽心尽力将环境维持得整齐清洁,他就应该获得大家发自内心的尊重,不应该因为他的职位而得不到他人的尊重。为什么一位清洁工会将环境维持得整齐清洁呢?除了要获得他应得的薪资外,同时也要珍惜他的面子。因为企业请这位清洁工的主要目的就是将环境维持得整齐清洁,而他为他的客户做到了这些,我们发自内心的尊重使他有面子的同时他也会继续以这种心态继续工作下去。所以要将爱面子导向正面并有实质贡献，就是要真心尊重应该尊重的人。在企业与其利益相关者有哪些是不值得尊重的人呢？懒惰、浑水摸鱼、没有道德、狐假虎威、狗腿子等，都是不值得尊重的人。对于这些人，企业应该惩罚或辞退，因为这样做才是对尽心尽力为企业做事的人的真心尊重。

企业应该善用人"爱面子"的天性，将其导向为负责任的方向，而其方法非常的简单，就是真心尊重的哲学。尊重应该尊重的人（负责任的人），唾弃不值得尊重的人（不负责任的人）。

《道德经》第7章指出："天地所以能长久者，以其不自生，故能长生。是以对人后其身而身先；外其身而身存，是以其无私邪？故能成其私。"这句话其实强调的就是以人为本的哲学。因此，企业管理者不能仅把利益摆在第一位，而要在管理中坚持以人为本，想员工所想，急员工所急。只有这样，员工才会更加积极、主动地投入工作，企业也才会形成更加和谐快乐的工作氛围。

第二节　选马、用牛、赶猪、打狗

将合适的人请上车，不合适的人请下车。

——佚名

选马、用牛、赶猪、打狗在人力资源上的意义是：

选马：选择适合企业的千里马，培训、培养适合企业的千里马。

用牛：多多使用勤劳负责的员工。

赶猪：将屡教不改的懒惰员工辞退。

打狗：将企业中拍马屁的狗腿子纠正，让其专心负责地在其岗位上工作。

在企业里有一个"258现象"。"258现象"指的是在工作第2年、第5年及第8年是最容易离职的时候。通常一个毕业生刚刚踏入社会的第1年，满怀着理想与斗志，所以薪水并不是他们最主要的追求。但是到了第 2 年，如果还没有升迁或者与同班同学比较自己的所得与职位相差比较多的时候（通常比较的对象都是薪水比较高的同学，因为薪水比较低的同学是不会将自己的薪水拿出来比较的），他的意志就开始动摇了，所以很容易就下定决心离开企业。到了第 5 年及第 8 年的时候，通常就职者会考虑成家及未来的规划，这时候的离职会比较理性，同时考虑的事情也比较全面。当一个员工在一家企业待了 8 年以上，他的离职意向就比较低。所以当一位新人踏入社会时，选择职业非常的重要；同样的道理，企业挑选员工也非常的重要。本节最主要是讨论企业选人及用人的管理哲学——选马、用牛、赶猪、打狗。

一、选马

（一）挑选适合企业的千里马

适合企业的千里马并不是一定非得来自名校的热门科系，而是要根据企业自己的行业属性来挑选。某企业是一家玩具工厂，就不需要到北京大学和清华大学去招员工，纵然你给的薪水比其他的企业高，把人挖来了，但还是难逃"258 现象"。

适合企业的千里马有什么特质呢？一般来说，具备情绪智力（Emotional Intelligence，EI）、品德、创造力及勤劳负责任的态度。情绪智力及品德是领导统御的特质，创造力是企业永续生存的特质，勤劳负责任的态度是事情成功的基本特质。

情绪智力较高的人有以下较为突出的能力：管理能力较强、组织能力较好、行政管理技能较好、尊重他人、礼貌和机智、不武断、自信、适应性强、压力承受能力强、情绪稳定性高、对模糊的容忍度高、积极的自我形象。品德好的人有以下较为突出的能力：责任心强、真诚率直、对使命和工作的信念、诚实正直、自信、可靠性高、积极的自我形象。创造力较好的人有以下较为突出的能力：想象力好、主动性和精力好、有强烈的动机、压力承受能力强、对模糊的容忍度高。有勤劳负责任的态度的人有以下较为突出的能力：警觉性强、责任心强、主动性和精力好、对使命和工作的信念高、可靠性高及积极的自我形象。

企业应该从这四个特质从企业内部或是外部去挑选企业的千里马，然后加以培养，以期将来能为企业做出大的贡献。

（二）培训企业的千里马

本书已提到了很多种培训企业的千里马的方法，故在此不作详细阐述，但是要特别提到的是工作轮换及战略制定的过程参与。工作轮换及战略制定是培训千里马绝对不可或缺的课程。工作轮换的过程能使人体会不同部门的感受及其决策过程，战略制定过程能使人理解企业的方向及决策者的思维，这两项都有益于培训企业的千里马。

很多大企业对于人才的培养忽略了情绪智力及品德因素，所以才会导致企业的生存问题。所以在选择企业的千里马时，一定要将这两个因素摆在第一位。

二、用牛

牛的精神在于其勤劳负责，只要农夫教会牛如何正确地去工作，牛就会将这些工作不厌其烦地做下去。企业的基础在于有很多勤劳负责的员工。企业的员工不能只是勤劳，同时还要负责任，就是在管理学中谈到的效率和效果。企业要求的是效果而不仅仅是效率。在企业里头常常会发现有一些员工做得相当辛苦，但是企业却得不到什么效果，主要的原因有两点：①企业没有教会这些员工如何正确地去做一件事情。②这些员工在企业已经学习过正确的做事方法之后，因为不理解或不认同而采用了自己的做事方法，有时候导致了事倍功半的结果，其实这就是不负责任的员工，纵使他工作非常勤劳。

企业对于勤劳负责任的员工应该好好珍惜，并应该用以人为本的管理方式让这些员工快乐地为企业工作。企业的执行力就在于这些勤劳负责任的员工。

三、赶猪

猪在人的心目中是一种懒惰的动物,整天只知道吃了睡,睡醒再吃。(其实这不是猪的本性,是因为人的因素才造成这种现状。本文所提的赶猪,是指赶走企业中那些屡教不改的懒惰员工,对猪并无不敬之意。)在企业里将一些屡教不改的懒惰员工请辞,对于勤劳负责任的员工是一种尊重,也是一种正面的激励。如果企业能容得下很多懒惰的员工,那这家企业离倒闭的时间也不远了。

四、打狗

狗腿子的能力其实是不错的,他必须要察言观色并投其领导之所好。企业之所以有拍马屁的狗腿子,最主要的原因在于领导没有制止这种行为。所以对于企业的狗腿子并不是把他清出企业,而是要让他明白要获得他想要的东西只有勤劳负责任地工作。企业的大部分人都非常讨厌狗腿子文化,甚至恨不得让这些狗腿子立刻离开企业,但是我们必须想一想,企业有狗腿子文化是企业和领导的问题还是这些自愿充当狗腿子的员工的问题?

企业最主要的是将这些狗腿子员工的狗腿"打断"并让其转成千里马员工或勤劳负责任的员工。

第三节 "识人"与"用人和管人"

有大略者,不可贵以捷巧;有小智者,不可任以大功。

——《淮南子·主术训》

对于一个企业而言，所谓"人才"指的是能为企业所用，为企业所想，勤劳负责任工作的人。找到合适的人才，放在正确的位置，才能帮企业做出正确的事。要找到合适的人才，企业必须真正了解自己需要哪一类人才，同时必须具备发现人才及培养人才的能力。每个人并非十全十美，一定有其优缺点，企业要善用其优点并把其缺点对工作的影响降至最低，所以将人才放至正确的位置也是一门学问。每个人一生之中总会有许多理想和抱负，这也形成了其热情工作的动力，但是随着其理想和抱负的一一完成，其原有的工作热诚就会慢慢地降低，而将注意力转至新的理想和抱负。管理者在领导整个企业前进时不应该忽略这个问题。本节将会讨论有关"识人"与"用人和管人"的管理哲学。

一、识人

企业招聘人才的方法相当多。如在媒体广告招人、内部员工推荐、校园招聘、互联网招聘、公司网站招聘、通过猎头公司招聘等。要招募到合适的人才最重要的有下列两点：一是谁在过滤应聘者的资料，决定哪些人可到企业面试。二是谁有权决定录取应聘者。试想，如果上述的两类人员在识人的能力上有所偏差，那企业如何挑选到合适的人才呢？因此，人力资源部门在招聘的过程中就扮演了一个很重要的角色。目前大部分的企业都是用比较科学的方法实行招聘，例如测试、评估、面试、多人共同决策等并加上了试用期的条款，以解决识人上的偏差。

如果人力资源部门主管不能发现并选用一流人才，对公司的影响有多大呢？短时间可能影响不大，但是经过5~10年，我们会发现企业常流行的一句话"管理断层"。如果某某主管离开了企业，谁能替代他呢？所以企业需要发掘企业内最善于培养人才的人来担任挑选人才的任务。善于发掘并培养人才的伯乐有以下几个特质：结果导向型人才、善于发现并解决问题；逻辑思维能力强、组织统筹能力强、人际交往能力强，能独当一面；知才善用、包容性强、宽容、感恩，具有同理心。俗话说，"物以类聚"，有才能的人惺惺相惜，让善于发掘并培养的伯乐挑选企业的千里马,慧眼识珠,对他委以重任,既是对他的肯定和尊重,也为企业可持续发展储备人才。

二、用人和管人

企业有各式各样不同性格的员工,管理者对待不同的人需要懂得采取不同的策略,但是这些策略不能离开以理服人及奖罚分明。用人及管人哲学首先要以身作则,其次是知人善任、尊重员工、奖罚分明及以理服人。本部分将会一一地讨论用人和管人的哲学。

(一) 以身作则

以身作则是企业管理者有力的管理手段,主管说一套做一套是无法让员工心服口服的,更不用说要用好人和管好人。企业主管之所以要以身作则,最主要目的是作为员工的表率,同时也告诉员工,你也应该这么做。这样,员工才会服从你的领导,为你所用。

(二) 知人善任

千里马只有得到伯乐的赏识才能奔腾万里,对于企业而言,仅吸引到人才到企业来是不够的,关键要善用人才,把人才放在合适的位置,做到人岗匹配,才能确保人力资源达到最优配置,发挥最大的效用,才是成立人力资源部门最主要的目的。知人本来就不容易,不懂得善任的企业就更可惜。

(三) 尊重员工

在企业里某一位干部作了一份报告"如何改善现行的作业",而其主管看完这份报告后认为90%与自己的想法一致,而有10%与自己的想法不同,身为主管的你会如何表达出自己的意见呢?一种方法是,只针对这10%作批评;另外一种方法是,称赞90%做得非常好的,但是另外的10%如果能提高,则更好。第二种方法是不是更好呢?把功劳归给员工,表示肯定员工的工作,尊重他们的劳动成果,自然也获得他们的尊重,而且得到肯定的鼓励,他们则会更加努力工作。一个人在企业的阶层越高,就更加要学会尊重属下,把功劳都给属下,这样属下就会更尊重你而且卖力地为你工作,而你的整体表现也会越来越好而得到升迁。

(四) 奖罚分明

奖与罚是管理人员的绩效管理的利剑,为了使奖罚制度行之有效,必须事先制定奖罚制度,企业员工严格按照制度执行。奖错和罚错都会影响企业的绩效管理。奖罚分明强调合理的原则性,依照合理的原则性作奖罚,但是原则性需依情况作适当的调整。

(五) 以理服人

在企业管理中,"以理服人"的"理",简单说来就是合理的原则或是规范制度。以理服人要做到公正、公平,对每位员工都实事求是。但是原则性需随着环境的变迁而修正,如果没有了合理的原则,就无法以理服人。

第四节 "安心"与"心安"

浇树要浇根,管人要管心。

——佚名

把一件事交给下属去完成,你会觉得很安心;当他将事情依照企业的规定完成后通知你,而你会感到心安。这是一件多么简单而又不容易达到的事情。把事情交给他人去完成会觉得很安心,一定是经过多次考察而得知下属的做事标准与自己相同,当他遇到困难无法解决时,一定会回来请示后再进行,所以主管将事情下放时会觉得很安心;当下属将事情完成时,如果你知道他一定依照企业规定的做事方法完成并如实汇报,不隐瞒任何事项,这时你会感到心安。要做到这种境界的管理,双方的互动性相当重要。本节将讨论的是"安心"与"心安"的管理哲学。

一、"安心"

安心的管理哲学最主要在于下属安主管的心,也就是"我办事,你放心"。下属必须做到下列几件事情:

(一) 用心负责做好分内之事

在企业里,每一个人都有其工作职责,员工必须做好其分内之事。主管比较担心的4件事是:①工作做不好;②很努力工作,效果不彰;③偷懒,不做事;④做不好的事情,将其掩盖。所以身为下属想要主管授权给你,就必须做事能让主管安心,就必须"用心负责做事,确保绩效成果"。

(二) 主动适时反馈

主管交代事情给下属时,通常上司顾虑到下属的面子问题,不方便问下属进度如何。但是如果下属没有定时或适时地反馈,主管就会主动来问下属,进度如何,有没有遇到困难需要他协助?其实这也体现了主管的不放心,解决这个问题最好的方法就是主动适时反馈,让主管能安心。

(三) 不要给主管"功高震主"的感觉

也许下属自认为能力比主管强,但是一定要考虑主管的立场及面子问题,千万不要给主管有"功高震主"的感觉,否则主管会有一种不安全感。如果你的能力真的比你的主管强,你更要谦虚去学习你的主管的优点。为什么他可以当你的主管?一定是他做事能让他的主管放心。

二、"心安"

实现"心安"管理境界的关键在于企业与其所有利益相关者之间的良性互动。首先,企业的每一项规定必须符合政策、法规的规定,员工的做事方式必须用心负责而且符合企业的规定,这样交办事项完成后才能心安理得。

(一) 企业合规经营

无论在哪一个行业，都需要秉持着道德因素符合政策、法规的规定合法经营。其实企业选择在某地设立公司时，就应该考虑当地的法律法规这个问题。

(二) 员工合规做事

因为企业的每一项规定，都符合当地政府的规定，所以对员工就有很大的说服力：你必须依照企业的规定做事。只要依照企业的规定而且用心负责做事，就会感到"心安"。

(三) 不隐瞒过错

如果因为做错事，怕被处罚而隐瞒事实的真相，所产生的结果不仅仅会伤害当事人，同时还会影响企业。事情出错的第一时间，纠错的成本是最低的。如果企业的大部分员工对于做错事都有隐瞒或推卸责任的习惯，那企业本身也必须要检讨。

第五节 领导者魅力

成功的企业领导不仅是授权高手，更是控权高手。

——彼特·史坦普

"上有政策，下有对策"。由这句话我们可以理解，领导若只是靠企业的制度想要管好整个团队是非常难的。所以身为企业的领导要管理团队，必须用以人为本的管理再加上"人治"，而人治就是所谓的领导魅力。要管好人，首先要管好自己。企业的领导基本要做好下列几点，才能形成他的领导风格，从而形成其领导魅力。

一、言教不如身教

作为一个企业的领导,想要改变员工的做事态度和行为,最好的方法是以身作则,让员工能感受到,从而自动地改变自己。以身作则最主要是在品德方面和人际关系方面,如礼貌善待员工和顾客、诚信、处理事情谨慎讲原则、待人诚恳等。如果企业的领导能够以身作则地做好品德和人际关系方面的示范,就很容易得到员工的认可,从而影响员工的态度与行为,达到身教的效果。

二、坚持原则

坚持原则必须完成3个步骤:

(一)把原则讲清楚,说明白

让所有员工都知道这些规定及遇到事情如何去完成及其奖罚规定。

(二)按原则办事

有了原则就要按原则办事,这样才能服众。

(三)修改原则必须再次讲清楚,说明白

原则修改的前提是视环境及现实需要,不要随便修改原则;原则修改了必须让所有员工都知道。

完成了上述3个步骤,领导坚持原则办事就会形成其风格,同时形成其领导魅力。

三、严管勤教

如果身为一个领导者只会讲不会做,员工会看不起你,会影响到领导风格与魅力。员工把他一辈子最宝贵的时间献给了企业,所以企业有义务对员工严管勤教,让他拥有一技之长。如果没有好好地教育员工,就是不负责任,正如《三字

经》里的一句话："子不教，父之过；教不严，师之惰。"领导者就是员工在社会大学里的老师，有责任对员工严管，不让员工虚度时光混日子，同时还要勤教员工；管而不教等于是虐待员工。严管勤教员工才能为"授权"打下良好的基础。

四、授权

员工有成长及升迁的需求。当一个小孩学走路时，家长必须扶着他，他才敢走路；在他不断努力探索中逐渐走稳时，家长就要果断放手，让他独立地走下去。授权的哲学就在于此。领导者必须考察员工是否有办法独立作业了，当员工的表现越来越好的时候，他心中就会有一个期望值，希望有机会表现一番，这时候领导如果能善用授权，不仅能帮企业培养人才，同时也为自己找到一个得力助手。

五、培养接班人

有些领导几乎把所有的时间都花费在绩效上，而忽略了对接班人培养，这样的领导不是一个合格的领导。所有领导的一个主要职责就是培养人才，只有人才充足了，企业才有迅速扩张的本钱，才可以壮大。一位领导不畏惧被人取代，才会不遗余力地培养人才，同时因为自己的无私，也会赢得员工及企业老板的欣赏，而形成一种领导魅力。

六、公正的奖罚分明

奖励不是一件简单的事。奖励很容易变成：得到的人不感激，得不到的人非常生气。相同的道理，处罚也不是一件很容易的事，罚错了、罚轻了、罚重了都会有员工在私底下议论。

一位好的领导者需要做到公正的赏善罚恶。为什么要谈到公正而不谈公平呢？因为企业的资源有限，无法做到完全公平只能做到公正。那如何做到公正呢？就是在一定的期限内，按照大部分人认可的原则赏与罚，这样就可以做到公正。一个领导者能做到"公正的奖罚分明"，同样地也能形成领导风格与魅力。

第六节 "理而不管"与"管而不理"

领导管得少，才能管得好。

——艾森豪威尔

究竟是"管"好还是"不管"好？这是见仁见智的问题。在以人为本的管理中强调的是管事理人，只要员工依照企业的规定把事情都做好了，你管他干什么？事情做得不怎么样，这时候就必须去督促他，而不是管他；事情做得完全不行，这时候才需要管人。在中国的社会里，我们常常会听到下面两句话："你干嘛不理我呢？""你凭什么管我呢？"其实这说明了，要管好中国人的最高境界是：对表现好而且做事可以让你安心的员工"理而不管"，对表现不好而且做事无法让你安心的员工"管而不理"。身为企业的主管需善用这个哲学。

一、"理而不管"

"理而不管"的"不管"不是完全不管，而是部属需要你去管的时候才管，不需要你管的时候不去管。"理而不管"的"理"讲的是关心及真心尊重。但是要做到"理而不管"的境界需要主管和员工彼此之间的信任。

大部分的人都不喜欢被人管理，员工实现主管不要管他的前提条件是"我会把企业和我的主管交代的事情如期做好并及时回报，如果遇到无法解决的事情，一定会请示如何做"。如此周而复始，主管因为对你产生信任才不会去管你。但是主管不能因为员工表现好不用管他，就不去关心他，时间一长，员工也会丧失积极性。当员工表现好的时候，主管要不吝给予称赞，在公开场合表扬并给予实质性的奖励，不仅给表现好的员工面子也给他里子，有了这样的互动，"理而不管"的哲学境界才能发挥得很好。

二、"管而不理"

"管而不理"的"不理"不是完全不理，而是主管须让部属知道你对他的表现感到不满所以才不理你，原因是你不尊重我，所以我也不尊重你。"管而不理"的"管"讲的是一般管理，就是因为你的表现不好，所以我才像管事一样的管你。需要用"管而不理"方式对待的对象主要是那些表现不好而且屡教不改的员工。对于这些员工，如果企业和主管还不断地呵护他及尊重他，这样会造成不好的后果。有时候不给这些员工面子和里子说不定还能激起其危机感而努力做事。

对表现一般的员工可视时机将"理而不管"和"管而不理"交互使用，但要谨记不要常常使用"管而不理"，除非企业有很大的管理危机。

本章小结

本章主要介绍了"以人为本"，"选马、用牛、赶猪、打狗"，"识人"与"用人和管人"，"安心"与"心安"，"领导者魅力"，"理而不管"与"管而不理"这几大哲学。在人力资源管理哲学的指导下，企业应该塑造一种让员工认为企业是一所学校，企业是一个家的感觉，因为学校是带给你最多快乐的地方，家是让你感觉到最温暖，最能依靠的地方，如果员工真正地感觉企业是一所学校，是一个家，那这家企业的人力资源管理可以说做得非常出色。

全球化的来临让我们更加体会到单凭管理科学是很难让企业在全球化的浪潮中如鱼得水的。只有将管理哲学与管理科学融合起来才能让企业逐步成长，并永续经营。

参 考 文 献

［1］曾峣. 人力资源管理［M］. 上海：立信会计出版社，2007.

［2］李燕萍. 人力资源管理［M］. 武汉：武汉大学出版社，2002.

［3］胡君辰，郑绍濂. 人力资源开发与管理［M］. 上海：复旦大学出版社，2005.

［4］许文兴. 人力资源管理［M］. 北京：清华大学出版社，2010.

［5］孙健敏. 人力资源管理［M］. 北京：科学出版社，2009.

［6］谵新民主编，朱莉，余炬文副主编. 员工招聘成本收益分析［M］. 广州：广东经济出版社，2005.

［7］张一驰. 人力资源管理［M］. 北京：北京大学出版社，1999.

［8］夏光. 人力资源管理案例·习题集［M］. 北京：机械工业出版社，2006.

［9］珍妮·C.梅斯特. 企业大学——为企业培养世界一流员工［M］. 徐健，朱敬译. 北京：人民邮电出版社，2005.

［10］段波. 混合标准量表法在绩效标准体系设计中的应用［J］. 中国劳动，2005（7）.

［11］赵琛徽，吕默. 基于 BSC 和 AHP 的绩效考核指标体系设计［J］. 中国人力资源开发，2011（5）.

［12］吴冬梅，白玉苓，马建明. 人力资源管理案例分析［M］. 北京：机械工业出版社，2006.

［13］刘昕. 薪酬管理（第 2 版）［M］. 北京：中国人民大学出版社，2007.

[14] 劳埃德·拜厄斯, 莱斯利·鲁. 人力资源管理 [M]. 北京: 华夏出版社, 2002.

[15] 夏志强, 杨江. 劳动关系与劳动法 [M]. 成都: 四川大学出版社, 2007.

[16] 北京市劳动和社会保障法学会. 劳动合同、社会保险与人事争议疑难案例解析 [M]. 北京: 法律出版社, 2009.

[17] 王昌硕. 劳动法学案例教程 [M]. 北京: 知识产权出版社, 2003.

[18] 桂昭明. 人力资源管理 [M]. 武汉: 华中科技大学出版社, 2008.

[19] 唐磊, 朱千英. 利用 E-HR 实现集团企业人力资源规范管理 [J]. 科技创新导报, 2010 (14).

[20] 吕叔春. 管理寓言枕边书 [M]. 北京: 纺织工业出版社, 2006.

[21] 彭剑锋, 饶征. 人力资源管理概论 [M]. 上海: 复旦大学出版社, 2003.

[22] 于桂兰, 魏海燕. 人力资源管理 [M]. 北京: 清华大学出版社, 2004.

[23] 张德. 人力资源开发与管理（第 3 版）[M]. 北京: 清华大学出版社, 2007.

[24] 董克用, 叶向峰. 人力资源管理概论（第 2 版）[M]. 北京: 中国人民大学出版社, 2003.

[25] 郑晓明. 人力资源管理导论 [M]. 北京: 机械工业出版社, 2005.

[26] 林忠, 金延平. 人力资源管理 [M]. 大连: 东北财经大学出版社, 2006.

[27] 姚水洪, 任新刚. 现代企业人力资源管理概论 [M]. 大连: 大连理工大学出版社, 2007.

[28] 齐经民, 刘恩峰, 毛清华, 陈彦广. 人力资源管理 [M]. 北京: 经济科学出版社, 2007.

[29] 马新建, 时巨涛, 孙虹. 人力资源管理与开发（第 2 版）[M]. 北京: 北京师范大学出版社, 2008.

[30] 刘善华. 现代人力资源管理 [M]. 广州: 暨南大学出版社, 2009.

[31] 靳娟. 人力资源管理概论 [M]. 北京: 机械工业出版社, 2007.

[32] 胡蓓, 王通讯. 人力资源开发与管理 [M]. 武昌: 华中科技大学出版

社，2006．

[33] 王建民．战略人力资源管理学［M］．北京：北京大学出版社，2009．

[34] 王明琴．人力资源管理［M］．北京：科学出版社，2009．

[35] 郑兴山．人力资源管理［M］．上海：上海交通大学出版社，2008．

[36] 张爱卿，钱振波．人力资源管理［M］．北京：清华大学出版社，2008．

[37] 肖胜方．劳动合同法及实施条例下的人力资源管理流程再造［M］．北京：中国法制出版社，2008．

[38] 田新民．柔性人力资源管理：战略人力资源管理研究的新视角［M］．上海：上海交通大学出版社，2007．

[39] 赵曙明，罗伯特·马希斯，约翰·杰克逊．人力资源管理（第9版）［M］．北京：电子工业出版社，2003．

[40] 斯蒂芬·罗宾斯，玛丽·库尔特．管理学（第7版）［M］．北京：中国人民大学出版社，2004．

[41] 加里·德斯勒．人力资源管理［M］．北京：中国人民大学出版社，2006．

[42] 约翰·伯纳丁，彭纪生．人力资源管理［M］．南京：南京大学出版社，2009．

[43] 劳伦斯·克雷曼．人力资源管理［M］．北京：机械工业出版社，2009．

[44] 乔治·伯兰德，斯科特·斯纳尔．人力资源管理［M］．大连：东北财经大学出版社，2006．

[45] 迈克尔·洛赛，苏·麦辛吉，达夫·尤里奇．人力资源管理的未来［M］．北京：高等教育出版社，2006．

[46] 韩家杰．知识经济时代企业人力资源开发配置管理研究[J]．中国科技信息，2005（7）．

[47] 杨百寅，张德．如何开发人力资源：技术理性与社会道德责任——中美人力资深理论与实践的比较研究[J]．清华大学学报（哲学科学社会版），2003（3）．

[48] 胡慧平．"短处"：人力资源配置中的"闪光点"［J］．人才资源开发，2005（12）．

[49] 李全胜，沈德仁. 如何科学配置企业人力资源 [J]. 人才瞭望，2004 (7).

[50] 王建萍. 以人为本的管理与企业价值观 [J]. 中外企业文化，2005 (8).

[51] 石书臣. 人的全面发展的本质涵义和时代特征 [J]. 河北大学学报，2002 (2).

[52] 王昌明. 以人为本的管理理念及其在人力资源管理中的运用 [J]. 经济研究导刊，2008 (14).

[53] 龚文，陈锴. 绩效评估中的强制分布问题研究 [J]. 中国人力资源开发，2011 (5).

后 记

2011年9月,中国社会科学院哲学社会科学创新工程正式启动,该工程将学术观点和理论创新、学科体系创新与管理创新、科研方法与手段创新作为创新的主要内容。创新工程的理念与我们的构思不谋而合,在团队成员的共同努力下,我们完成了《21世纪工商管理文库》的编写工作,本文库始终把实践和理论的结合作为编写的基本原则,寄希望能为中国企业的管理实践提供借鉴!

一、我们的团队

我们的团队是由近200名工商管理专业的硕士、博士(大部分已毕业,少数在读)组成的学习型团队。其中已毕业的硕士、博士绝大多数是企业的中高层管理者,他们深谙中国企业的发展现状,同时又具备丰富的实践经验,而在读硕士、博士则具有扎实的理论基础,他们的通力合作充分体现了实践与理论的紧密结合,作为他们的导师,我感到无比的自豪。根据构思及团队成员的学术专长、实践经验、工作性质、时间等情况,我们挑选出56名成员直接参与这套文库的编写,另外还邀请了62名(其中5名也是编写成员)在相关领域具有丰富理论和实践经验的人员针对不同的专题提出修改意见,整套文库的编写人员和提供修改意见的人员共有"113将"。我是这套文库的发起者、组织者、管理者和领导者,同时也参与整套文库的修改、定稿和部分章节的编写工作。

本套文库从构思到定稿历时8年,在这8年的时间里,我们的团队经常深入企业进行调研，探究企业发展面临的问题和困境，了解企业管理者的困惑和需要，进一步将理论应用于实践并指导实践。我们经历了很多艰辛、挫折，但不管多么困难，总有一种使命感和责任感在推动着我们，让我们勇往直前，直至这套文库问世。

本套文库在中国社会科学院工业经济研究所研究员、经济管理出版社社长张世贤教授的大力支持和帮助下被纳入中国社会科学院哲学社会科学创新工程项目，并得到该项目在本套文库出版上的资助，同时，张世贤教授还参与了本套文库部分书籍的审稿工作，并且提出了很多宝贵的意见。另外，经济管理出版社总编室何蒂副主任也参与和组织了本套文库的编辑、审稿工作，对部分书籍提供了一些有价值的修改意见，同时还对本套文库的规范、格式等进行了严格把关。

有 56 名团队成员参加了本套文库的编写工作，他们为本套文库的完成立下了汗马功劳。表 I 列出了这些人员的分工情况。

表 I 团队成员分工

书名	编写成员
1. 战略管理	龚裕达（中国台湾）、胡中文、温伟文、王蓓蓓、杨峰、黄岸
2. 生产运作管理	李佳妮、胡中文、李汶娥、李康
3. 市场营销管理	胡琼洁、李汶娥、谢伟、李熙
4. 人力资源管理	赵欣、马庆英、李汶娥、谭笑、陈志杰、卢泽旋
5. 公司理财	赵欣、易强、胡子娟、向科武
6. 财务会计	陈洁、周玉强、高丽丽
7. 管理会计	高丽丽、胡中文、符必勇
8. 企业领导学	张伟明、黄昱琪（中国台湾）
9. 公司治理	黄剑锋、符斌、刘秋红
10. 创业与企业家精神	张伟明、严红、林冷梅
11. 企业后勤管理	赵欣、钱侃、林冷梅、肖斌
12. 时间管理	苏明展（中国台湾）、胡蓉
13. 企业危机管理	胡琼洁、林冷梅、钱侃
14. 企业创新	符斌、刘秋红
15. 企业信息管理	肖淑兰、胡蓉、陈明刚、于远航、郭琦
16. 企业文化管理	符斌、谢舜龙
17. 项目管理	于敬梅、周鑫、陈赟、胡亚庭
18. 技术开发与管理	胡中文、李佳妮、李汶娥、李康

续表

书名	编写成员
19. 设备管理	马庆英、于敬梅、周鑫、钱侃、庞博
20. 公共关系管理	谢舜龙、符斌、余中星、吴金土（中国台湾）、刘秋红
21. 组织行为学	马庆英、赵欣、李汶娥、刘博逸
22. 无形资产管理	张伟明、陈洁、白福歧
23. 税务筹划	肖淑兰、陈洁
24. 宏观经济学	赵欣、汤雅琴
25. 金融机构经营与管理	胡琼洁、汤雅琴、江金
26. 行政管理学	温伟文、张伟明、林冷梅
27. 商法	高丽、胡蓉
28. 管理科学思想与方法	陈鸽林、陈德全、郭晓、林献科、黄景鑫
29. 管理经济学	周玉强、汤雅琴
30. 企业管理发展的新趋势	龚裕达（中国台湾）、符斌
31. 企业管理的哲学与艺术	龚裕达（中国台湾）、黄昱琪（中国台湾）

有62名企业界的中高层管理人员、从事工商管理研究的学者以及政府公务员为我们的编写工作提供了建设性修改意见，他们的付出对提升本套文库的质量起到了重要的作用。表Ⅱ列出了这些人员对相应书籍的贡献。

表Ⅱ 提供修改意见的人员名单及贡献

姓名	书名	工作单位、职务或职称	
1. 张世贤	商法 宏观经济学	中国社会科学院工业经济研究所 经济管理出版社	研究员 社长
2. 何蒂	管理会计 时间管理	经济管理出版社总编室	副主任
3. 邱德厚（澳门）	管理经济学 企业危机管理	广东彩艳集团	董事长
4. 冯向前（加拿大）	税务筹划	国际税务咨询公司 中国注册执行税务师	总经理
5. 陈小钢	行政管理	广州市黄埔区	区委书记
6. 温伟文	宏观经济学	广东省江门市蓬江区政府 （原广东省江门市经信局长）	区长
7. 曹晓峰	公共关系管理	广东交通实业投资有限公司	董事长
8. 梁春火	企业领导学	广东移动佛山分公司	总经理
9. 邓学军	市场营销管理	广东省邮政公司 （原广东省云浮市邮政局局长）	市场部经理
10. 冯礼勤（澳大利亚）	企业创新	迈克斯肯国际有限公司	董事长
11. 马兆平	人力资源管理	贵州高速公路开发总公司	副总经理

续表

姓名	书名	工作单位、职务或职称	
12. 武玉琴	项目管理	广东恒健投资控股有限公司投资部 北京大学经济学院博士后	副部长
13. 方金水	金融机构经营与管理	交通银行深圳分行	副行长
14. 陈友标	时间管理	广东华业包装材料有限公司	董事长
15. 李思园（中国香港）	公司理财	香港佳宇国际投资有限公司	总经理
16. 李志新	企业领导学	广州纺织工贸企业集团有限公司	董事长
17. 郑锡林	人力资源管理	珠海市华业投资集团有限公司	董事长
18. 李活	项目管理	茂名市金阳热带海珍养殖有限公司	董事长
19. 朱伟平	战略管理 人力资源管理	广州地铁广告有限公司	总经理
20. 沈亨将（中国台湾）	战略管理	广州美亚股份有限公司	总经理
21. 罗文标	生产运作管理 人力资源管理	华南理工大学研究生院	研究员
22. 张家骐	企业危机管理	北京德克理克管理咨询有限公司	董事长
23. 廖洁明（中国香港）	企业危机管理	香港警务及犯罪学会	主席
24. 陈国力	项目管理	广州洪珠投资有限公司	总经理
25. 黄正朗（中国台湾）	财务会计 管理会计 无形资产 公司理财	台一国际控股有限公司	副总经理
26. 彭建军	创业与企业家精神	恒大地产集团	副总裁
27. 应中伟	时间管理	广东省教育出版社	社长
28. 黄昱琪（中国台湾）	税务筹划	广东美亚股份有限公司	副总经理、财务总监
29. 黄剑锋	市场营销管理	中国电信股份有限公司广州分公司市场部	副总经理
30. 周剑	技术开发与管理 公司治理	清华大学能源研究所副教授	博士后
31. 杨文江	公司治理	广州御银股份有限公司	董事长
32. 陈洪海	公司理财	深圳联通龙岗分公司	副总经理
33. 沈乐平	商法	华南理工大学工商管理学院教授	博士生导师
34. 谢舜龙	行政管理	汕头大学商学院	MBA中心副主任
35. 刘璐华	企业创新	广东工业大学科研处副处长	教授
36. 吴晓宝	创业与企业家精神	广州增健通信工程有限公司	董事长
37. 周枝田（中国台湾）	企业后勤管理 生产运作管理	诚达集团	副总经理
38. 许陈生	宏观经济学 管理经济学	广州外语外贸大学经贸学院	教授
39. 何莽	设备管理 税务筹划	中山大学旅游管理学院	博士后
40. 苏明展（中国台湾）	设备管理	广州德进机械设备安装有限公司	总经理
41. 李建喜	市场营销管理	广州新福鑫智能科技有限公司	副总经理

续表

姓名	书名	工作单位、职务或职称	
42. 李茂松	企业后勤管理	暨南大学华侨医院后勤产业集团	副总经理
43. 羊卫辉	宏观经济学 管理经济学	股票、期货私募操盘手、私人投资顾问	
44. 周文明	生产运作管理 技术开发与管理	广电运通金融电子股份有限公司	厂长
45. 王步林	商法	广州金鹏律师事务所	合伙人、律师
46. 刘军栋	企业信息管理	合生创展集团有限公司信息化办公室	经理
47. 张振江（中国台湾）	无形资产管理	南宝树脂东莞有限公司	总经理
48. 程仕军（美国）	公司理财 财务会计 管理会计 公司治理	美国马里兰大学商学院财务系	副教授
49. 黄奕锋	行政管理学	广东省国土资源厅	副厅长
50. 翁华银	战略管理 市场营销管理	广州行盛玻璃幕墙工程有限公司	董事长
51. 李希元	企业危机管理	广东省高速公路股份有限公司	总经理
52. 叶向阳	金融机构经营与管理	中国邮储银行广东省分行	财务总监
53. 杜道洪	公司理财	广州滔记实业发展集团有限公司	总经理
54. 李飚	组织行为学 人力资源管理	广州市社会科学研究院	研究员
55. 吴梓锋（澳大利亚）	市场营销管理 项目管理 战略管理	澳大利亚雄丰股份有限公司	董事长
56. 薛声家	管理科学思想与方法	暨南大学管理学院教授	博士生导师
57. 左小德	管理科学思想与方法	暨南大学管理学院教授	博士生导师
58. 周永务	管理科学思想与方法	华南理工大学工商管理学院教授	博士生导师
59. 贺臻	创业与企业家精神	深圳力合创业投资有限公司	总经理
60. 方向东	项目管理	新八建设集团有限公司南方公司	总经理
61. 梁岳明	公司理财	广东省教育服务公司	总经理
62. 邓俊浩	企业文化管理	广州精心广告有限公司	总经理

注：3~47 为团队成员，1~2 和 48~62 为外请成员。

二、致谢

在本套文库的编写过程中，我们参阅了大量古今中外的文献并借鉴了一些专家、学者的研究成果，尤其是自管理学诞生以来的研究成果。对此，本套文库尽最大可能在行文当中予以注明，并在书后参考文献中列出，但仍难免会有疏漏，在此向所有已参考过的文献作者（国内的和国外的，已列出的和未列出的）表示衷心的感谢！

另外，还要特别感谢参加本套文库的编写人员和提出修改意见的人员，是你们这"113将"的勤奋和智慧才使该文库的构思得以实现。随着这套文库的问世，中国企业会永远记住你们，感激你们！

经济管理出版社是我国经济管理类的中央级出版社，它以严谨的学术、广泛的应用性以及规范的出版而著称。在此，我们非常感谢经济管理出版社的领导和所有工作人员对本套文库的出版所做的工作和提供的支持！

我还要感谢暨南大学这所百年华侨学府，"始有暨南，便有商科"。巧合的是，管理学和暨南大学几乎同时诞生，在此，就让《21世纪工商管理文库》作为管理学和暨南大学的百年生日礼物吧！

我们真诚地希望并欢迎工商管理界的学者和企业家们对本套文库提出宝贵意见，以使该套文库能更好地为中国企业服务，从而全面提升中国企业的管理水平！

夏洪胜

2013 年 12 月